浙江智库

政府监管评论

GOVERNMENT REGULATION REVIEW

2023年第2期
（总第21期）

王俊豪◎主编

中国社会科学出版社

图书在版编目（CIP）数据

政府监管评论.2023年.第2期：总第21期/王俊豪主编.—北京：中国社会科学出版社，2023.12

ISBN 978-7-5227-2840-7

Ⅰ.①政… Ⅱ.①王… Ⅲ.①政府监督—研究—中国 Ⅳ.①D630.9

中国国家版本馆 CIP 数据核字（2023）第 242410 号

出 版 人	赵剑英
责任编辑	李斯佳　刘晓红
责任校对	周晓东
责任印制	戴　宽
出　　版	中国社会科学出版社
社　　址	北京鼓楼西大街甲 158 号
邮　　编	100720
网　　址	http://www.csspw.cn
发 行 部	010-84083685
门 市 部	010-84029450
经　　销	新华书店及其他书店
印　　刷	北京君升印刷有限公司
装　　订	廊坊市广阳区广增装订厂
版　　次	2023 年 12 月第 1 版
印　　次	2023 年 12 月第 1 次印刷
开　　本	787×1092　1/16
印　　张	8.25
字　　数	149 千字
定　　价	49.00 元

凡购买中国社会科学出版社图书，如有质量问题请与本社营销中心联系调换
电话：010-84083683
版权所有　侵权必究

改版说明

  管制，又称规制，实际部门称之为监管。在推进国家治理体系和治理能力现代化的进程中，推动政府监管效能提升和政府监管现代化成为中国政府监管理论研究的一项重要任务。为了使政府监管理论更好地指导中国政府监管实践，建立中国特色政府监管理论体系，本刊将从 2023 年第 2 期起由《政府管制评论》更名为《政府监管评论》。特此说明。

2023 年 9 月 26 日

目　录

电力失负荷价值测算研究：方法述评与
　　实证应用……………………………李宏舟　耿　慧　白青峰（1）

安徽省融入 RCEP 的现状、问题与对策研究：基于政府
　　规制的分析视角………………………………陈以定　罗玉辉（32）

数字治理运作框架与监管抓手研究：以市场监管为例…………夏梦雪（48）

中国特色金融监管构建：基于习近平有关金融工作
　　重要论述的视角………………………………海　娜　王靖瑜（63）

基于风险视角的创新产品市场监管机制研究……………………冯晓雷（83）

面向材料质检平台建设的数字政府质量监管
　　技术研究………………………………………耿　洁　姜　博（102）

电力失负荷价值测算研究：
方法述评与实证应用[*]

李宏舟　耿　慧　白青峰[**]

摘　要　失负荷价值用来衡量电力中断对用户造成的损失，代表着安全稳定的电力供应的经济价值，是完善输配电业务"准许成本+合理收益"监管方式的配套措施，是促进电网企业高质量发展的主要政策工具。中国对电力失负荷价值的研究尚在起步阶段，因此本文首先综述了国内外失负荷价值测算的理论框架和实证研究；其次，基于中国实际情况选取生产函数法对中国的失负荷价值进行了测算，结果表明：2009—2019年中国八个电力现货试点地区非家庭部门的平均失负荷价值在5.61—14.38元/千瓦时；2009—2017年家庭部门在22.01—41.96元/千瓦时；2010—2018年全国八个主要行业的平均失负荷价值在3.69—46.60元/千瓦时。上述结果说明中国的失负荷价值具有行业内部变化较为平缓，行业之间差异较大，家庭部门明显高于非家庭部门的特点。文章最后阐述了失负荷价值的研究展望和在中国的电力市场的应用前景。

关键词　电网企业；失负荷价值（VOLL）；输配电业务

一　引言

由于电网的互联互通，断电可能是在发电、输电、配电的其中一个或几

---

[*]　国家自然科学基金面上项目"效率变革视阈下输配电成本的溯源识别、实证测度与监管进路"（72173016）。

[**]　李宏舟，东北财经大学产业组织与企业组织研究中心教授；耿慧，东北财经大学产业组织与企业组织研究中心硕士研究生；白青峰，中国广核电力股份有限公司高级经济师。

个环节出现，而对这些环节的检测、改造与投资都涉及成本的问题，为了减少断电造成的损失需要采取一系列针对性的措施，因此能够正确计算并掌握断电的经济成本至关重要（Thomas and Wilhelm，2015）。失负荷价值（Value of Lost Load，VOLL）是衡量电力断供而导致的经济损失的指标，反映了单位电力的经济价值。在国外，时有发生的大规模断电事件造成的严重后果使电力供应的可靠性受到多方重视，因为并不存在直接交易电力中断价值的市场，所以 VOLL 测算结果可直接应用于评估电力供应可靠性的价值，用来计算经济最优的电力中断水平、设定更加合理的可靠性标准（De et al.，2007）。除了较为直观的应用，VOLL 还可以应用于电力监管市场的设计，为构建基于效率改进的激励性规制提供服务质量指标；电力系统运营商在根据容量分配设定出清价格时也需要将 VOLL 考虑在内（CEPA，2018）。2016 年以后，中国开始采用"准许成本+合理收益"的方式对电网企业输配电业务实施价格规制。根据国外经验，在这种准许收入（上限收入）规制下，电网企业具有通过降低服务质量减少成本的动机，因此准许收入规制需要与质量规制相结合，通过经济奖惩机制诱导电网企业主动维持并提高服务质量（叶泽，2016）。电力中断时间和次数是衡量电网企业服务质量的主要指标，如果能够将电力中断对客户造成的经济损失予以量化，并以此为基准制订客户补偿方案，则电网企业需要在降低维修成本与提供客户补偿之间做成权衡，因此具有主动缩短电力中断时间的动机。换言之，失负荷价值反映的可靠电力供应价值可以为激励和惩罚措施的设计提供参考，更好地约束输配电企业的行为。实际上，芬兰等一些发达国家已经采取了断电客户补偿措施，补偿金额的确定与断电的价值紧密相关。

综上可知，失负荷价值的研究与应用是完善中国 2016 年开始采用的"准许成本+合理收益"监管方式的必要补充，是实现中国电网企业高质量发展的必要内容。本文在结构安排上，第二部分阐述国内外的 VOLL 研究情况，着重介绍 VOLL 的测算方法；第三部分讲述各国在 VOLL 计算方面的实证探索；第四部分基于生产函数法对中国部分地区非家庭部门和家庭部门的 VOLL 进行实证测算；第五部分讨论 VOLL 的研究展望和在中国的应用前景。

二 失负荷价值测算方法述评

不同学者对断电的经济价值的表述有所不同，比如客户中断成本（Customer Interruption Cost，CIC）、客户可靠性价值（Values of Customer Reliability）

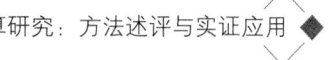

等,但其本质与 VOLL 相同,因此本文将其全部归为 VOLL 的研究领域。

(一) 国内研究

中国电力市场的改革起步较晚,对于 VOLL 的研究相对滞后。

在测算方法方面,早期多用投入产出法来计算 VOLL。何永秀等(2006)建立了投入产出法分析模型,用各部门增加值与电力消费量的比值计算电力价值,将电力价值与其对应的累积电力使用量排序获得电力价值曲线。在设定电力平衡点的基础上,基于损失最小,也就是 VOLL 最小的角度测算了不同电力缺口下的 VOLL,作者在理论分析的基础上还测算了在电力平衡点下不同失负荷水平的 VOLL 以及边际和平均 VOLL,给出了 VOLL 在各部门之间具有较大差异的结论并提出了 VOLL 的应用前景。谭显东和胡兆光(2008)在投入产出法的基础上作了改进,在计算电力价值时除了考虑直接价值外还计算了间接价值,即考虑到电力中断不仅影响其他部门对电力的使用,还会影响电力部门自身对其他部门投入品的使用,他们同样绘制了电力价值曲线,并计算了损失最大时的 VOLL。在应用方面,施泉生和李士动(2013)利用投入产出法计算出 VOLL,并结合 VOLL 和需求曲线计算了消费者剩余损失,从而设计出可中断负荷的定价。胡博等(2018)利用改进的投入产出法计算出 VOLL,然后将 VOLL 作为负荷权重,在此基础上利用萤火虫算法计算了分布式电源分配方案和配电网孤岛的运行范围。①

这类基于投入产出法的测算方式将电力投入与部门的价值产出相联系,与国外学者采用的生产函数法相类似,但在实际测算不同电力供应缺口的损失时需要设定电力平衡点,因为电力平衡点是经常变动的,所以这种测算方法的实际应用性不强。此外,该方法与生产函数法相比也较为烦琐,并且不能测算家庭部门的 VOLL。

叶泽和邹颖(2020)通过生产函数法对八个电力现货市场试点地区以及广东省不同行业的 VOLL 进行了测算,并提出了利用 VOLL 优化电力现货市场价格上下限的建议,这是国内最早用生产函数法计算失负荷价值的研究。由于电力供应的可靠性越来越受到重视,电力监管机构会选择制定激励机制来提高电力供应可靠性,并对低效企业做出惩罚,而制度的设立需要参考可靠性改进的成本。Yuan 等(2021)采用方向距离函数法估算了中国各省电网系

---

① 萤火虫算法(Firefly Algorithm)是一种灵感来自于萤火虫闪烁行为的启发式算法,该算法基于群体搜索的随机优化,首先设置一组解,其次通过多次迭代更新解,直至搜索得到最优解(胡博等,2018)。

3

统停电的影子价格（也就是VOLL），发现与可靠性改进成本相比，目前各省制定的激励措施很难起到激励作用。Chen等（2022）采用动态不可操作性投入产出模型（Dynamic Inoperability Input-Output Model，DIIM）计算了不同部门和不同省份的商业中断成本（Business Interruption Cost，BIC），为如何减少断电的经济损失提出了建议。

（二）国外研究

国外对如何测算VOLL的研究较为丰富。因为VOLL的测算与电力消费者的情况和断电的特征息息相关，对这两个因素的不同处理方式形成了不同的研究视角。综合而言，国外VOLL的测算方法可以分为直接方法、间接方法和混合方法三种。

1. 直接方法

直接方法是通过直接调查电力消费者或者直接研究真实的断电案件，从电力消费终端获得VOLL的数值，可进一步细分为案例研究法（Case Studies）和客户调查法（Customer Survey）。

（1）案例研究法。案例研究法是指从真实发生的断电事件中获取电力中断损失的信息。电力中断造成的损失分为直接损失和间接损失，直接损失指生产活动受到影响而造成的原材料损坏和经营亏损；间接损失指由于断电造成的社会治安混乱以及政府、保险公司的亏损等（Billinton et al.，1993）。由于间接损失难以衡量，案例研究法以外的VOLL测算方法很少对其进行测算。案例研究法的优点在于能从真实案例中获取信息且同时考虑了直接损失和间接损失，可以反映出更准确的VOLL。但该方法也有一定的局限性：研究的开展依赖于实际发生的重大断电事件，但该类事件发生频率较低，且根据特定案例得出的结果只针对特定的地区或部门，难以应用于更大范围的VOLL研究。

（2）客户调查法。客户调查法是指通过问卷、访谈等形式直接从客户处获得与VOLL相关的信息，可以分为直接成本法（Direct Cost）和支付与接受意愿法（Willingness to Pay/Willingness to Accept，WTP/WTA）。电力中断涉及一系列的场景状态，如中断发生的时间、持续的时间、是否事先通知了消费者等。为了使调查结果更加准确，对家庭部门和非家庭部门的中断成本或损失的调查设计有所不同，家庭部门被要求直接回答一定的金额，而非家庭部门由于存在不同类型客户的调查结果相差较大的情况，一般要求其回答中断损失占一定时期电力消费账单的比例，从而使各类客户的结果易于对比（ACER，2019）。直接成本法直接向电力消费者提供关于电力中断的场景，要求消费者回答与中断场景相关的损失情况。这种方法适用于断电造成的损失较为明晰、数值可量化的非家庭部门；对家庭部门而言，断电损失难以衡量且受访者对损失无法清晰界定，使用这种方法可能会导致误差（Billinton et al.，1993）。

WTP/WTA 与直接成本法的相似之处在于同样为消费者提供了关于断电的场景，但调查的内容有所差别，WTP 要求消费者回答愿意支付多少货币来避免电力中断，WTA 要求消费者回答若愿意接受电力中断所需要的补偿。用 WTP/WTA 法得出的结果是一定时间的电力价值，而 VOLL 是单位电力的货币价值，因此两者之间需要进行转换才能对比，但不一定存在对应的时间粒度统计数据，给转化造成了困难。理论上相同的断电场景应当有一致的 WTP 和 WTA 结果，但许多实证研究却发现 WTP 和 WTA 有一定的差异，且往往是 WTP 小于 WTA。这种差异可以用行为经济学来解释，如"禀赋效应"（Endowment Effect）、"损失规避"（Loss Aversion）等（CEPA，2018）。禀赋效应是指当个人一旦拥有某种物品，那么他对该物品价值评价要比未拥有之前大大增加，电力消费者将稳定的电力供应视为其本应拥有的服务，认为电力中断时造成的效用损失要大于享有稳定电力服务时的效用收益；损失规避指人们总是强烈地想要避免损失，认为一定数额损失带来的心理感受比两倍数额的获益带来的感受更加强烈，因此电力消费者比起付出更愿意选择接受补偿。WTP 与 WTA 的差距导致该方法得出的结果可信度低，但可以为 VOLL 的计算提供一个良好的边界参考值（Kufeoglu and Lehtonen，2015a）。

客户调查法中断电的场景模式设计分为条件估值（Contingent Valuation）、条件排序（Contingent Ranking）和选择实验（Choice Experiment）三种。条件估值的设计最简单，对受访电力消费者提供的是一系列不同的断电场景，并要求其直接回答每个场景对应的断电损失（Bertazzi et al.，2005）；条件排序需要受访者对提供的一系列中断场景做出排序，这些中断场景与一定的损失相联系，然后从排序中获得偏好从而推断出损失（Ajodhia，2005）；选择实验的关键在于选择，该模式认为供电可靠性价值可以表示为其特征——如中断频率、持续时间等的总和，要求受访者对场景细节进行选择，通过偏好推断出消费者的效用从而获得断电损失（Bliem，2009）。

客户调查法的开展依赖于调查问卷的设计以及消费者的回应，问卷的设计具有灵活性，因此可以考虑更真实的断电场景，从而了解到不同的断电特征对 VOLL 的影响，还可以考虑断电造成的间接损失。但该方法需要耗费大量的人力与财力成本，设计的灵活性也意味着在调查中要对消费者的回应保持谨慎的态度。部分电力消费者并不能充分认识到电力的经济价值，因此会出现零回应（Zero Responses）和极端回应（Extreme Responses）的问题，即回应的断电损失为零或为不合理的高数值；除此之外，如果消费者认为其回应可以影响调查的结果，则会为满足个人目的而做出不真实的回应——战略性回应（Strategic Responses），与零回应和极端回应相比，战略性回应更难被识别，更可能导致结果的误差（Kufeoglu and Lehtonen, 2015b）。所以说客户调查法结果的主观性是其最需要克服的问题，而且很难完全消除。

2. 间接方法

间接方法的计算需要客观数据或消费者实际采取的行为，根据不同的数据处理方式以及建模的不同，间接方法可进一步分为市场行为分析法（Market Behaviour Analysis）、生产函数法（Production Function）、方向距离函数法（Directional Distance Function）和芬兰能源局公式法（Gunduz et al., 2018a）。

（1）市场行为分析法。市场行为分析法利用消费者为避免断电或减少断电损失而采取的行为来获得断电的经济价值（De et al., 2007）。该方法的理论基础是消费者的购买行为暴露了其内在的偏好倾向。如消费者为了减少断电损失或者希望获得更高的电力可靠性水平，可能会选择可中断负荷的合同、购买备用电源、与保险公司签订合同等（Thomas and Wilhelm, 2015），通过对电力消费者的投资和消费行为进行分析，可以从机会成本的角度计算出VOLL。这些投资或消费行为往往只有在高度依赖电力的工商业部门等才会发生，而其他不太依赖电力或不愿进行这方面投资的消费者就无法进行评估，而且消费者行为的机会成本可能只是断电成本的一部分，无法反映全面、真实的断电价值（CEPA, 2018）。

（2）生产函数法。生产函数法也被称为宏观经济法，从宏观经济的角度出发，将电力视为和资本、劳动力等同等的生产要素，与产出联系起来。如果发生了电力中断会产生一定的中断损失，从机会成本的角度考虑，VOLL可以用电力在正常投入时创造的产出来表示（Munasinghe and Gellerson, 1979）。在采用生产函数法时，大部分学者都会先进行部门的划分。最普遍方法是划分为家庭部门和非家庭部门，非家庭部门一般只考虑工商业和服务业，公共部门等很少包括在内；对于家庭部门，依赖于电力的"产出"是休闲与娱乐，因此在计算家庭部门的VOLL时，一个重要的假设是1小时休闲时间的价值等于1小时工作的收入，即休闲时间的边际价值等于每小时的平均工资（De et al., 2007）。

与直接方法相比，生产函数法有相对固定的测算模型。为了尽可能真实地描述电力中断的特征，需要首先考虑几个影响 VOLL 的因素，在具体计算时如何考虑这些因素会对 VOLL 的计算结果产生较大影响（CEPA，2018）。

第一，可替代因素（Substitutability Factor）。生产和生活活动并不完全依赖电力，为了获得更加准确的 VOLL，需要考虑家庭部门和非家庭部门对于电力的依赖程度，因此定义了可替代因素来表示。可替代因素位于 0 到 1 之间，越接近于 1 代表越依赖于电力。对于家庭部门，在统计休闲时间时一般会先剔除掉依赖电力较少的活动，如利纳雷斯和雷伊（Linares and Rey，2013）通过西班牙人均时间利用分布情况统计了比较依赖于电力的休闲活动；CEPA（2018）在统计家庭部门的平均休闲时间时也扣除了较少依赖电力的活动时间等；但即使是依赖于电力的活动，也不意味着在一定时间内全程使用电力，且该类型数据并非对所有地区都进行了统计，因此一些学者在研究中直接将可替代因素设为 50%，如格罗维奇等（Growitsch et al.，2013）等。也有学者通过调查获得可替代因素，库费奥卢和莱托宁（Kufeoglu and Lehtonen，2015b）提出可以调查消费者在获得一定补偿情况下愿意减少哪些电力使用，剩余的就是基本的电力需求，从而推导出对电力的依赖程度。对于非家庭部门，因为可替代因素难以测算，通常不考虑。

第二，通知因素（Notice Factor）。计划的断电可以使消费者提前做好预防措施，因此是否在断电前提供通知会影响电力消费者的行为，从而影响 VOLL。CEPA（2018）提出了 VOLA（Value of Lost Adequacy）的概念，VOLA 表示提供通知后的 VOLL，用 $\frac{\text{VOLA}}{\text{VOLL}}$ 来代表通知因素。由于提供通知后，电力消费者会采取行为来减少断电造成的损失和影响，因此 VOLA 小于 VOLL，即通知因素小于 1。但通知因素难以直接量化分析，CEPA（2018）用调查的方法得出了是否提供通知对 VOLL 的影响，以及不同断电持续时间下的通知因素，并将通知因素应用于生产函数法的计算，然而在大部分的实证研究中并不考虑断电是计划还是意外发生。

第三，需求因素（Demand Factor）。需求因素的提出是为了进行特定时段（Time Specific Dependence）的 VOLL 计算，可用特定时段的电力消费量比上平均电力消费量得出。由于电力中断发生的时间并不确定，在不同时间——如工作日或休息日、冬天或夏天、白天或夜晚对电力的需求量并不相同。需求因素表示了在特定时间段内对于电力的依赖程度，可能大于 1 也可能小于 1，若要考虑不同时间 VOLL 的异质性，在计算时应当把需求因素考虑在内

（CEPA，2018）。

第四，未就业因素（Non-employment Factor）。在生产函数法中考虑的前三个影响 VOLL 的因素适用于所有部门，但未就业因素仅针对家庭部门，是指未就业人员的失负荷价值占就业人员失负荷价值的比例（CEPA，2018）。在家庭部门的 VOLL 计算中，通常采用平均工资来表示休闲的价值，但并非家庭部门的所有人员都是就业状态，未就业人员的休闲价值应当低于就业人员。得等（De et al.，2007）直接假设未就业因素为 50%，希瓦库马尔等（Shivakumar et al.，2017）在测算中沿用了该假设，直接假设未就业因素的数值是许多学者采用的方法，因为未就业因素难以量化，只能通过调查获得，若不考虑未就业因素会导致对家庭部门 VOLL 的高估。

第五，中断持续时间。电力中断的持续时间与断电损失之间的关系并不是线性的，电力消费者会随着中断时间的延长产生"适应效应"，即会尽量采取措施以减少断电损失，因此边际 VOLL 会随着中断时间的增加逐渐下降。但这并不适用于所有行业，如需要冷冻的行业的边际 VOLL 反而会随中断时间的增加而增加。总之，利用直接方法可以通过调查的设计得到不同中断时间下的 VOLL，但在间接方法中通常不考虑该因素，因此只能得到一个与中断持续时间无关的平均 VOLL。

生产函数法难以涵盖所有类型的断电损失：对于非家庭部门，通常只考虑生产损失，而原材料的损害、重启成本等难以计算；对于非家庭部门也基本上忽略了由于断电造成的食品材料腐坏和烦恼因素等损失。本文首先介绍最一般情况下的生产函数测算方法，其次再逐步完善与拓展。

根据生产函数法的定义和对上述影响因素的分析，家庭部门的 VOLL 计算公式为：

$$VOLL_i = \frac{LV_i}{ELC_i} \tag{1}$$

$LV_i =$ 平均休闲时间×平均小时工资×(就业人数+未就业因素×未就业人数) (2)

平均休闲时间 =（每日小时数-每日个人护理时间-日平均工作时间）× $\frac{\text{工作天数}}{\text{年总天数}}$ +（每日时间-每日个人护理时间）× $\frac{\text{不工作天数}}{\text{年总天数}}$ (3)

其中，LV_i（Leisure Value）为家庭部门年间休闲价值，ELC_i 为家庭部门的年间电力消耗量。平均休闲时间的计算考虑到了工作日与非工作日的区别，未就业因素通过调查获得或者采用已有研究中的假设，上文中提到的可替代因素、需求因素、通知因素则需要根据研究的具体情况和数据的可获取性决定是否考虑在内。

非家庭部门 VOLL 的计算公式如下：

$$VOLL_i = \frac{GVA_i}{ELC_i} \tag{4}$$

其中，GVA_i（Gross Value Added）为部门 i 的增加值，ELC_i 为非家庭部门的年间电力消耗量。式（4）是该方法最基础的表达式，在具体的情况下可以考虑上文中提到的可替代因素、通知因素、需求因素，对其做出假设或统计，以获得更加具体、准确的 VOLL 值。

生产函数法依赖于客观数据，其优点是可以在各地区和部门形成通用的测算方法，使跨地区和跨部门的测算结果可比。但是该方法得出的结果缺乏针对性、较为平均，很难进行特定中断特征的分析。与其他影响 VOLL 因素相比，需求因素的获取需要相应时间粒度的数据，相对容易获得；但可替代因素难以量化，研究中通常假设所有的生产和闲暇完全依赖电力；同时也难以计算提供断电通知和中断持续时间的影响（在客户调查中这些因素都可以设计在问卷中获得结果）。

（3）芬兰能源局公式法。根据贡杜泽等（Gunduz et al., 2018a），芬兰能源市场管理局（Energy Market Authority of Finland）提出了用于计算客户中断成本的公式，即：

$$CIC_t = \begin{pmatrix} OD_{unexp,t} \times h_{E,unexp} + OF_{unexp,t} \times h_{W,unexp} \\ + OD_{plan,t} \times h_{E,plan} + OF_{plan,t} \times h_{W,plan} \end{pmatrix} \times \frac{W_t}{T_t} \tag{5}$$

式（5）中各指标的含义如下：

CIC_t：t 年客户断电的货币价值（€）

$OD_{unexp,t}$：用 t 年的年间消费电量加权的客户年均意外断电时间（小时）

$h_{E,unexp}$：意外断电对客户的价值（€/kWh）

$OF_{unexp,t}$：用 t 年的年间消费电量加权的客户年均意外断电次数（次）

$h_{W,unexp}$：意外断电对客户的价值（€/kW）

$OD_{plan,t}$：用 t 年的年间消费电量加权的客户年均计划断电时间（小时）

$h_{E,plan}$：计划断电对客户的价值（€/kWh）

$OF_{plan,t}$：用 t 年的年间消费电量加权客户年均计划断电次数（次）

$h_{W,plan}$：计划断电对客户的价值（€/kW）

W_t：客户在 t 年的年间消费电量（kWh）

T_t：年间的小时数（小时）

该公式从功率和功两个角度考虑客户年度中断成本：在发生电力中断时，给消费者带来的损失有两个方面：一方面是电力设备关闭后再重新启动的成本，该成本与所用电力设备的总容量（kW）有关；另一方面是电力持续中断造成的电力供应（kWh）减少导致的损失。在实际研究中，容量因素很容易被忽略，往往只考虑电力用户由于持续的电力中断造成的损失——只从功的角度考虑断电损失。该方法同时考虑了断电造成的横向损失——与容量有关的损失和纵向损失——与断电时间有关的损失，较为全面地涵盖了断电成本，这是其他方法不具有的优势，但容量成本的获得问题需要进一步的探索。

（4）方向距离函数法。在计算电力中断造成的损失时，通常站在电力消费者的角度来考虑，但实际上配电系统运营商（Distribution System Operator，DSO）也会受到电力中断的影响。库费奥卢等（Kufeoglu et al.，2018）从DSO的视角出发，利用DSO相关数据，通过方向距离函数计算了电力中断的影子价格，也就是基于配电系统运营商视角的VOLL。电力中断会造成一系列的不良影响，消费者和DSO都希望能够减少电力中断，方向距离函数将断电作为非期望产出满足电力中断的特性，且可以同时增加期望产出、减少非期望产出。

库费奥卢等（Kufeoglu et al.，2018）选择地下电缆在配电线路中的份额（Share of Underground Cabling，SC）和DSO的运营支出（Operational Expenses，OPEX）作为投入，期望产出为能源供应量（Energy Supplied，ES），非期望产出为客户断电时间（Customer Minutes Lost，CML）。假设有N个投入，M个期望产出和J个非期望产出，那么投入x，期望产出y及其价格p，非期望产出b及其价格q可表示为：

$$x=(x_1, \cdots, x_N) \in R_+^N \tag{6}$$

$$y=(y_1, \cdots, y_M) \in R_+^M \tag{7}$$

$$b=(b_1, \cdots, b_J) \in R_+^J \tag{8}$$

$$p=(p_1, \cdots, p_M) \in R_+^M \tag{9}$$

$$q=(q_1, \cdots, q_J) \in R_+^J \tag{10}$$

$P(x)$表示生产技术：

$$P(x)=\{(y, b): x\, can\, produce\,(y, b)\} \tag{11}$$

设定方向向量$g=(g_y, g_b)$，$g_y>0$ 表示增加期望产出，$g_b>0$ 表示减少非期望产出。为了在增加期望产出的同时减少非期望的产出，将方向向量设置为 g = (1, 1)。假设有 k = 1, …, K 个 DSO，选择二次型的形式来表示第 k 个 DSO 的方向距离函数，则有：

$$\vec{D}_0(x_k, y_k, b_k; 1, 1) = l + \sum_{n=1}^{N} \alpha_n x_{nk} + \sum_{m=1}^{M} \beta_m y_{mk} + \sum_{j=1}^{J} \gamma_j b_{jk} + \frac{1}{2} \sum_{n=1}^{N} \sum_{n'=1}^{N} \alpha_{mn'} x_{nk} x_{n'k} + \frac{1}{2} \sum_{m=1}^{M} \sum_{m'=1}^{M} \beta_{mm'} y_{mk} y_{m'k} + \frac{1}{2} \sum_{j=1}^{J} \sum_{j'=1}^{J} \gamma_{jj'} b_{jk} b_{j'k} + \sum_{n=1}^{N} \sum_{m=1}^{M} \delta_{nm} x_{nk} y_{mk} + \sum_{n=1}^{N} \sum_{j=1}^{J} \eta_{nj} x_{nk} b_{jk} + \sum_{m=1}^{M} \sum_{j=1}^{J} \mu_{mj} y_{mk} b_{jk} \quad (12)$$

式（12）中各参数的含义如下：

l：二次型方向距离函数的常数

∂_n：投入系数

β_m：期望产出系数

γ_j：不期望产出系数

$\alpha_{mn'}$：投入系数二次方

$\beta_{mm'}$：期望产出系数二次方

$\gamma_{jj'}$：不期望产出系数二次方

δ_{nm}：投入和期望的产出乘积系数

η_{nj}：投入和不期望产出乘积系数

μ_{mj}：期望产出和不期望产出乘积系数

求解式（13），使每个观测值和前沿面之间的距离最小：

$$Minimize \sum_{k=1}^{K} [\vec{D}_0(x_k, y_k, b_k; 1, 1) - 0] \quad (13)$$

式（13）的求解受限于：

$$\vec{D}_0(x_k, y_k, b_k; 1, 1) \geq 0 \quad k = 1, \cdots, K \quad (14)$$

$$\frac{\partial \vec{D}_0(x_k, y_k, b_k; 1, 1)}{\partial b_j} \geq 0 \quad j = 1, \cdots, J; \ k = 1, \cdots, K \quad (15)$$

$$\frac{\partial \vec{D}_0(x_k, y_k, b_k; 1, 1)}{\partial y_m} \geq 0 \quad m = 1, \cdots, M; \ k = 1, \cdots, K \quad (16)$$

$$\frac{\partial \vec{D}_0(\bar{x}, y_k, b_k; 1, 1)}{\partial x_n} \geq 0 \quad n = 1, \cdots, N \quad (17)$$

$$\sum_{m=1}^{M} \beta_m - \sum_{j=1}^{J} \gamma_j = -1; \ \sum_{m'=1}^{M} \beta_{mm'} - \sum_{j}^{J} \mu_{mj} = 0, \ m = 1, \cdots, M$$

$$\sum_{j'=1}^{J} \gamma_{jj'} - \sum_{m=1}^{M} \mu_{mj} = 0, \ j=1, \cdots, J; \ \sum_{m=1}^{M} \delta_{nm} - \sum_{j=1}^{J} \eta_{nj} = 0, \ n=1, \cdots, N \tag{18}$$

$$\alpha_{nn'} = \alpha_{n'n}, \ n \neq n'; \ \beta_{mm'} = \beta_{m'm}, \ m \neq m'; \ \gamma_{jj'} = \gamma_{j'j}, \ j \neq j' \tag{19}$$

式（13）的各个约束条件的含义如下：式（14）确保了生产单元位于生产集的内部或前沿面，即确保投入产出向量可行；式（15）对非期望产出施加单调性约束，在投入不变时，非期望产出数量与方向距离函数值成正比；式（16）对期望产出施加单调性约束，在投入不变时，期望产出数量与方向距离函数值成反比；式（17）对投入施加单调性约束，在投入的平均水平上，期望产出和非期望产出不变的情况下继续增加投入会使方向距离函数值增加，导致更低的效率；式（18）展现了方向距离函数的转移性质；式（19）反映了投入和产出变量的对称性。

根据式（13）和式（14）至式（19）的约束条件，可以求解出二次型方向距离函数的参数，非期望产出即电力中断的影子价格可以通过方向距离函数和收益函数的对偶关系得出（Fare et al.，2006）。收益函数 $R(x, p, q)$ 给出了在生产集内，期望产出价格为 p、非期望产出价格为 q 时的最大可行收入，定义为：

$$R(x, p, q) = \max_{y,b} \{py - qb : (y, b) \in P(x)\} \tag{20}$$

式（20）等价于：

$$R(x, p, q) = \max_{y,b} \{py - qb : \vec{D}_0(x, y, b; g) \geq 0\} \tag{21}$$

$(y, b) \in P(x)$，给定方向向量 $g = (g_y, g_b)$，沿着方向 g 来增加期望产出同时减少非期望产出是可能的，由此可得出（Fare et al.，2006）：

$$R(x, p, q) \geq (py - qb) + p \times \vec{D}_0(x, y, b; g) \times g_y + q \vec{D}_0(x, y, b; g) \times g_b \tag{22}$$

式（22）左侧为最大可行收益，右侧为实际收益（$py - qb$）加上期望产出增加和非期望产出减少带来的收益。将式（22）变形可得方向距离函数和收益函数的关系为：

$$\vec{D}_0(x, y, b; g) \geq \frac{R(x, p, q) - (py - qb)}{pg_y + qg_b} \tag{23}$$

$$\vec{D}_0(x, y, b; g) = \min_{p,q} \left\{ \frac{R(x, p, q) - (py - qb)}{pg_y + qg_b} \right\} \tag{24}$$

将包络定理应用于式（24）两次，可得：

$$\nabla_y \vec{D}_0(x, y, b; g) = \frac{-p}{pg_y + qg_b} \qquad (25)$$

$$\nabla_b \vec{D}_0(x, y, b; g) = \frac{q}{pg_y + qg_b} \qquad (26)$$

期望产出的价格（p_m）是已知的，因此第 p 种非期望产出的价格为：

$$q_j = -p_m \left(\frac{\frac{\partial \vec{D}_0(x, y, b; g)}{\partial b_j}}{\frac{\partial \vec{D}_0(x, y, b; g)}{\partial y_m}} \right), \ j=1, \cdots, J \qquad (27)$$

式（27）中需要的参数数据均可通过式（13）求解出的二次型的参数得到。库费奥卢等（Kufeoglu et al., 2018）利用芬兰 DSO 的平均配电价格求出了 78 个 DSO 的非期望产出价格，也就是 VOLL，这是电力中断的最低成本。随着客户断电时间的递减，电力中断成本会增加，这是因为随着电力供应稳定性的增加，提高电力供应可靠性的成本也随之增加，因此式（27）为 DSO 的断电成本估计提供了最低界限。用方向距离函数计算电力中断的影子价格可以同时增加期望产出、减少非期望产出，利用客观、真实的数据得出可靠的中断损失；且该研究立足于 DSO 视角，展现了电力中断损失的另一角度，有利于更加全面地考虑电力中断的经济价值。

3. 混合方法

（1）价格弹性法（Price Elasticity Method）。价格弹性法如图 1 所示。

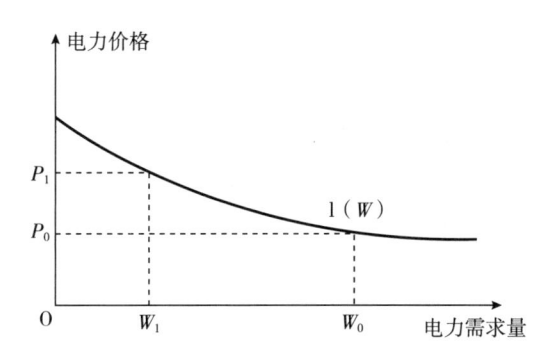

图 1　价格弹性法

资料来源：Kufeoglu and Lehtonen（2015a）。

在图 1 中，$l(W)$ 为住宅部门的电力需求曲线，(P_0, W_0) 是最初的电力价格和电力需求量，P_0 可以根据实际情况事先设定，该方法通过调查展开，消费者被问及如果提供一定比例的年度电费补偿，愿意在 h 小时内放弃使用多少电量，从而得到第二个电力消费点（P_1, W_1）。电价上升（P_1-P_0），电力消费量减少了（W_0-W_1），未能提供的电力导致的消费者损失可以由积分求得，即 $Loss=\int_{W_1}^{W_0}(l(W)-P_0)dW$，然后用消费者损失比上峰值能耗（kW）便可得出电力中断 h 小时的客户中断成本（€/kW）（Kufeoglu and Lehtonen，2015a）。这种方法在已知电力需求曲线和初始电力价格情况下，通过客户调查得到不同中断持续时间下的电力消费缺口，从而获得新的电力消费点进而通过积分算出客户损失。该方法可以通过调查获得不同中断持续时间的客户中断成本，适用于家庭部门，因为该部门的电力消费情况差异不大。对于非家庭部门而言，各个部门之间电力消费情况差异较大，因此需要对子部门划分后再进行计算，整个过程较为烦琐。

（2）新宏观经济法。该方法仅针对家庭部门，与生产函数法中家庭部门的计算方法十分相似，仍假定在家庭部门休闲时间减少一小时与工作时间减少一小时相当，用平均小时工资来表示每小时的平均闲暇价值，因此被称为新宏观经济法，具体公式如下：

$$CIC_{me}=d\frac{tw}{PP} \tag{28}$$

$$d=\frac{100\%-\%\ of\ reduction\ in\ power\ consumption}{100\%} \tag{29}$$

CIC（Customer Interruption Cost）为客户中断成本，CIC_{me} 即用宏观经济法计算的 CIC。CIC 和 VOLL 都表示电力中断造成的损失，VOLL 更强调单位电力（kWh）的价值，电力消费量和电力价值是相互对应的，而 CIC 的特点是在计算一段时间的中断成本后为了不同组别、不同时期的可比性会再选取一定的标准化因素，如峰值功耗（kW）或一定时间的电力消费量（kWh），这时电力消费量和电力价值之间不一定直接对应，但本质上其与 VOLL 均表示电力中断造成的损失。其中，d 为对连续电力供应的依赖因素，t 为电力中断时间，w 为平均小时工资，PP 是用峰值功耗。通过调查给予消费者一定的补偿后愿意放弃使用的电力消费来得到对电力的基本需求，从而计算出 d。该方法中除了 d 需要通过调查获得，其余指标均为客观存在的数值，是直接方法和间接方法的混合（Kufeoglu and Lehtonen，2015a）。

贡杜泽等（Gunduz et al.，2018b）认为应当考虑家庭部门中每个电力用户不只有一个收入来源，因此可以通过增加变量 a，考虑平均每户收入

者人数,并将标准化因素换位年能耗 AE(Annual Energy Consumption, in kWh),即:

$$CIC_{me} = a \times d \frac{tw}{AE} \tag{30}$$

改进后的方法仍将每户家庭设定为电力中断的主体,考虑了每个家庭的劳动人数,却忽略了家庭部门的未就业群体。生产函数法把家庭部门的每个人视为电力中断主体,并分别考虑了就业与非就业人群的电力中断价值,两种方法对同一部门选取了不同的主体,贡杜泽等(Gunduz et al., 2018b)忽略了家庭部门中未就业人员的休闲价值,可能会导致结果的偏差。

(3)混合模型法。利用客户调查计算 VOLL 时,可以考虑到断电的各种场景,但调查回应的主观性较强,存在零回应、极端回应和战略性回应问题。对于零回应和极端回应可以通过将数据取对数等方式转化为正态分布,然后进行 Z 检验剔除两端的异常值;但战略性回应因素却难以识别,因此库费奥卢和莱托宁(Kufeoglu and Lehtonen, 2015b)提出一种结合客观数据和客户调查的混合模型来测算服务业的客户中断成本,该模型能够尽可能减少客户调查中的战略性回应因素。该方法首先进行中断期间的客户成本分析,定义了服务业子部门的客户损害函数(Sub-Sector Customer Damage Functions),具体形式如下:

$$CIC_{va} = \frac{t\text{小时年增加值}}{\text{年能源消费量}(kWh)} \tag{31}$$

$$CIC_{po} = \frac{t\text{小时计划中断客户成本}}{\text{年能源消费量}(kWh)} \tag{32}$$

$$CIC_{uo} = \frac{t\text{小时意外中断的客户成本}}{\text{年能源消费量}(kWh)} \tag{33}$$

其中,CIC_{po} 和 CIC_{uo} 分别是通过调查得到的计划和意外中断的客户成本,CIC_{va} 是用增加值计算的客户中断成本,在这里起对照作用,CIC 的计算用年间消费电量进行了标准化。在混合模型中,主要分析中断造成损失的组成部分:由于断电导致生产中断,但原材料并没有投入使用因此不造成损失,造成的损失包括需要依旧发放的工资、未能获取的利润和由于断电导致的材料损坏和赔偿金,分别用式(34)中的工资、利润与易腐品成本来表示。客户中断成本的表达如下:

$$CIC = \text{工资} + \text{利润} + \text{易腐品成本} \tag{34}$$

$$\text{增加值} = \text{工资} + \text{利润} + \text{折旧} \tag{35}$$

在折旧忽略不计的情况下，通过式（35）可以将式（34）转化为：

$CIC=$增加值+易腐品成本 (36)

式（36）也可以理解为在意外断电情况下的客户中断成本，在计划断电的情况下，可以最大限度地减少材料损失，忽略易腐品成本，那么 CIC 变为：

$CIC=$增加值 (37)

通过上文可知计算 CIC 需要考虑的就是易腐品成本，该成本可以从客户调查中获得。混合模型可以最大程度减少战略性回应因素是因为易腐品的成本相对透明，当其出现异常值很容易被察觉，可以减少被调查对象做出战略回应的可能性。由此得出的结果和客户调查结果之间的差异便是战略性因素：

$$CIC_{uo}=CIC_{va}+\frac{易腐品成本}{年能源消费量(kWh)}+战略回应因素 \quad (38)$$

$$CIC_{po}=CIC_{va}+战略回应因素 \quad (39)$$

该混合模型从分析中断成本的组成出发，将广泛的客户调查范围缩小为易腐品的成本，使得调查回应中的战略性回应因素减少，提升了调查结果的准确性，同时又利用了客观数据，较好地融合了直接和间接方法的优点并避免了缺点。将该方法得出的结果与客户调查的结果对比，能够分析战略性回应因素的大小，对客户中断成本有更加具体、准确的把握。

表 1 汇总了各种 VOLL 测算方法的优缺点。

表 1　　　　　　　　　VOLL 测算方法总结

方法			优点	缺点
直接方法	案例研究		可以考虑断电造成的间接损失	只能依赖于特定的、较大规模的真实断电案件
	客户调查	直接成本	能够考虑丰富的断电场景，反映更加真实的断电损失	不适用于家庭部门的电力用户	调查结果中的主观性导致了零回应、极端回应和战略回应，造成结果的误差
		WTP/WTA		WTP 和 WTA 的结果并不一致	
间接方法	市场行为分析法		基于实际行为分析，避免主观误差	适用于断电对象为少数电力用户的情况，无法大范围应用
	生产函数法		依赖客观数据，较为直观简便，易于推广	考虑的断电类型单一，结果为平均值

续表

	方法	优点	缺点
间接方法	芬兰能源局公式法	依赖客观数据，考虑了断电的容量成本	考虑的断电类型单一，容量成本获得问题有待解决
	方向距离函数法	从DSO视角计算客户中断成本，丰富研究视角	以DSO为中心，忽略了不同客户中断成本异质性
混合方法	价格弹性法	综合了直接方法利用客观数据和间接方法具有灵活性的优点	不适用于家庭部门之外的部门
	新宏观经济法		忽略了家庭部门的未就业因素
	混合模型法	可以最小化客户调查产生的战略回应因素	不适用于工商业、服务业之外的部门

资料来源：笔者整理。

三　失负荷价值测算实证研究述评

从国外的失负荷价值实证测算方法来看，直接方法中使用较多的是客户调查法，客户调查法能够考虑较多的电力中断特征，案例研究法由于大规模断电事件的发生频率较低，实证测算较少。间接方法中较为基础的方法是生产函数法，可以根据具体的断电情况对生产函数法进行拓展，由于各个国家的背景不同，客观数据也有所不同，因此衍生出许多基于基本模型的间接方法。

埃米尔和理查德（Eimear and Richard，2011）利用生产函数法测算了北爱尔兰和爱尔兰共和国家庭和非家庭部门的VOLL，结果显示在不同部门之间VOLL存在较大差异，家庭部门的VOLL明显高于其他部门，但同一部门的年均VOLL随时间波动较小；不同时间（如周中和周末）、不同季节的VOLL各不相同；因为文中对VOLL的分析精确到了小时，所以可为发生电力紧缺时如何调度电力使损失最小提供较为精准的参考。CEPA（2018）同样采用生产函数法对欧洲不同地区和行业的VOLL进行了测算，但是对非家庭部门的行业划分比埃米尔和理查德（Eimear and Richard，2011）更为细致，因此出现了VOLL明显高于家庭部门的非家庭部门行业。考虑到CEPA（2018）通过调查的方式获取了可替代因素和未就业因素等影响VOLL的关键条件，得到的结果应该更加准确。客户调查法由于设计灵活性大，场景设计有多种选择，因此很难将不同地区的结果进行对比。CEPA（2018）用客户调查法中的接受意愿法（WTA）来探究电力中断的持续时间和通知因素对WTA的影响，得出

WTA随着电力中断时间的延长而增加的结论，但这种随着时间的增加并不是线性的，存在边际WTA递减的现象；对于通知因素，提供通知可以使WTA下降，与非家庭部门相比，这种影响对家庭部门更为明显，这是由于非家庭部门尤其是工业部门有依赖于电力的生产活动，即使在提供通知的情况下也难以重新安排生产来减少损失。通知因素随着断电时间的延长而增加，即随着断电时间的延长，提供通知的作用在减弱。

库费奥卢和莱托宁（Kufeoglu and Lehtonen，2015b）建立了混合模型，结合客观数据和调查结果得到意外和计划中断的服务行业各子部门的客户中断成本（CIC），解决了用间接方法难以分别计算计划和意外断电的CIC的弊端，同时可以仅通过调查易腐品的成本来最小化客户调查的战略回应因素，并通过客户调查模型和混合模型之间的差异来观测战略性回应因素的大小。该方法针对服务业进行测算，关键在于易腐品的成本，对于不存在易腐品成本的一些部门就无法应用该方法。贡杜泽等（Gunduz et al.，2018b）利用芬兰能源局公式法和新宏观经济法对芬兰2016年每个DSO的电力中断成本进行了测算，对电力依赖因素d分别选取最小值和最大值进行测算，发现以最大值计算的$CIC_{me\ max}$与芬兰能源局公式的CIC更加接近。贡杜泽（Gunduz，2019）考虑了电力用户有多个收入来源的客观情况，其结果显示以最小值计算的$CIC_{me\ min}$与芬兰能源局公式的CIC更加接近。芬兰要求配电商按照不同断电时间对客户提供一定比例的年度断电补偿，贡杜泽（Gunduz，2019）将该研究得到的CIC与芬兰的标准客户补偿方案进行对比后发现：很多客户没有得到足够的补偿，该研究建议根据客户中断成本，以客户为中心形成一个更加公平的补偿机制。库费奥卢等（Kufeoglu et al.，2018）用方向产出距离函数计算了芬兰78个DSO 2013—2015年的电力中断影子价格。该方法完全依赖客观数据，不存在主观因素的误差，但以DSO为中心得到的是各地区的平均结果，对于同一地区不同行业之间的VOLL无法测量。笔者也将估计结果和芬兰2015年的客户补偿价格进行了对比，发现影子价格明显高于补偿金额。

通过对比各国VOLL的实证测算结果可以发现，因为计算方法和考虑的因素不同，不同地区（甚至同一地区）的VOLL存在较大差异。虽然VOLL的理论测算框架较多，也有实证测算的结果，但很少有将VOLL的测算结果应用于实践并进行福利分析，由此来验证VOLL的实用性的综合性研究。

四 基于生产函数法的中国失负荷价值测算

基于上文的理论分析,本文将利用生产函数法对中国的非家庭部门和家庭部门的失负荷价值进行测算。

(一)非家庭部门

1. 计算方法

测算非家庭部门 VOLL 的具体计算公式如下:

$$VOLL_i = GVA_i / ELC_i \tag{40}$$

式(40)中的 $VOLL_i$ 为行业 i 或地区 i 的失负荷价值,GVA_i(Gross Value Added,GVA)为行业 i 或地区 i 的增加值,对地区而言该值等同于 GDP,ELC_i 为行业 i 或地区 i 的电力消费量。

2. 数据来源与处理

考虑到非家庭部门不同群体的 VOLL 具有一定的异质性,因此为了尽可能展现不同电力用户的 VOLL,本文进行了行业和地区的划分。计算所需要的数据为各行业和各地区的增加值(GDP)和电力消费量,主要来源于《中国统计年鉴》《中国能源统计年鉴》。货币数据均以研究起始年份为基期进行了平减处理。在分地区的计算中,测算了八个电力现货试点地区的 VOLL,由于 2008 年南方发生雪灾,许多城市的电力消费情况异于平常,因此选取 2009 年为基期,计算 2009—2019 年的 VOLL;在分行业的计算中,考虑到增加值和电力消费量的行业分类标准不同,本文按照《国民经济行业分类》(GB/T4754-2011)进行了行业之间的匹配,最终计算了农林牧渔业、采矿业、制造业、电力、燃气及水生产和供应业、建筑业、批发零售业和住宿餐饮业、交通运输、仓储和邮政业和其他行业共八个行业的 VOLL,时间跨度为 2010—2018 年。①

3. 实证结果

(1)分地区平均失负荷价值测算。本文首先测算了八个电力现货试点地区 2009—2019 年的 VOLL,结果如表 2 所示。从总体来看,样本地区的 VOLL 从 2009 年的 10.82 元/千瓦时减少至 2011 年的 10.11 后震荡上升,2016 年达到最高点的 11.38 元/千瓦时,然后微减至 2019 年的 11.35。从各省份的情况

---

① 该处的其他行业是指《国民经济行业分类》(GB/T4754-2011)中除了批发和零售业、住宿和餐饮业、交通运输、仓储和邮政业之外的第三产业总和。

来看，大致符合 VOLL 与经济发展水平成正比的预期，大部分省份的平均失负荷价值随年份的变动幅度较为平缓，其中广东、福建和四川的测算结果明显高于全国非家庭部门的平均水平，内蒙古和山东的年平均失负荷价值有下降趋势，广东、福建、四川的年平均失负荷价值有上升的趋势。

表 2　　2009—2019 年中国电力现货试点地区非家庭部门 VOLL 测算

单位：元/千瓦时

地区/年份	2009	2010	2011	2012	2013	2014	2015	2016	2017	2018	2019	均值
广东	13.58	13.08	12.87	13.11	13.46	13.39	14.11	13.89	14.53	14.35	14.81	13.74
内蒙古	7.99	7.49	7.17	7.01	6.77	6.34	6.05	5.94	4.72	4.15	3.71	6.12
浙江	11.11	10.89	10.57	10.87	10.93	11.19	11.82	11.89	11.50	11.17	11.78	11.25
山西	6.68	6.75	6.68	6.66	6.60	6.65	7.05	6.86	7.04	6.37	6.22	6.69
山东	12.95	12.51	12.09	12.51	12.61	12.98	11.04	10.98	11.35	9.69	8.55	11.57
福建	13.18	13.87	13.15	13.96	13.33	13.99	14.68	15.21	15.08	14.91	16.82	14.38
四川	14.00	13.87	11.88	12.96	14.54	15.04	16.44	17.43	17.89	16.95	17.56	15.32
甘肃	5.44	5.44	5.31	5.42	5.49	5.76	5.74	6.26	5.68	5.47	5.75	5.61
均值	10.82	10.43	10.11	10.44	10.32	10.43	11.15	11.38	11.34	11.15	11.35	10.81

资料来源：笔者测算。

叶泽和邹颖（2020）也利用生产函数法测算了 2017—2019 年中国八个电力现货试点地区的 VOLL，将本文的结果与其相比可以发现，各试点地区平均 VOLL 的相对大小与变动趋势均无明显差异，但本文计算结果在绝对数值上偏小，可能是由于选定的基期不同。除此之外，叶泽和邹颖（2020）在分地区测算 VOLL 时没有区分家庭部门和非家庭部门，本文进行了区分，因此在测算非家庭部门的 VOLL 时扣除了家庭部门的生活消费用电量，将非家庭部门电力投入和地区 GDP 相对应，获得了相对准确的非家庭部门 VOLL 测算结果。

（2）分行业平均失负荷价值测算。表 3 为 2010—2018 年全国八个行业的平均失负荷价值计算结果。从表中可以看出：同一行业的平均失负荷价值在不同年份的变化较为平缓，其中采矿业、批发、零售住宿和餐饮业以及交通运输、仓储和邮政业的年平均失负荷价值呈小幅下降趋势；建筑业、其他行业的年均失负荷价值呈小幅上升趋势；不同行业之间的计算结果差异较大，变动范围在1.62—61.31元/千瓦时。值得注意的是其中电力、热力、燃气及水生产和供应业的平均失负荷价值低于2元/千瓦时，明显低于其余行业；建筑业及农林牧渔业的失负荷价值超过了40元/千瓦时，明显高于其他行业。[①]

表3　　　　　　　2010—2018年全国各行业VOLL测算　　　　单位：元/千瓦时

行业/年份	2010	2011	2012	2013	2014	2015	2016	2017	2018	均值
农、林、牧、渔业	41.50	43.38	46.76	49.10	49.68	50.42	49.41	45.60	43.54	46.60
采矿业	10.76	10.84	9.49	8.76	7.91	7.09	6.98	7.37	7.02	8.47
制造业	5.70	5.67	5.72	5.55	5.42	5.60	5.63	5.59	5.55	7.04
电力、热力、燃气及水生产和供应业	1.85	1.66	1.80	1.73	1.62	1.79	1.75	1.84	1.89	3.69
建筑业	56.24	53.28	54.84	53.62	54.48	59.89	61.31	60.81	59.07	29.42
批发零售住宿和餐饮业	33.76	32.19	31.74	31.36	32.30	33.04	32.47	31.56	29.11	44.50
交通运输、仓储和邮政业	25.56	23.82	23.47	23.03	23.57	23.75	22.80	21.70	20.08	27.52
其他	47.49	46.92	46.64	47.53	49.19	52.70	52.42	51.12	47.54	36.07
均值	27.86	27.22	27.56	27.59	28.02	29.29	29.10	28.20	26.73	38.51

资料来源：笔者测算。

CEPA（2018）对欧盟范围内非家庭部门的VOLL测算结果也显示建筑行业有明显高的VOLL，该研究认为：首先，建筑业有偏低的电力消费量。而VOLL的计算是用电力消费量进行标准化，因此电力消费量和VOLL呈反比关系；其次，计算过程缺乏对可替代因素的细致考虑，对所有行业都默认了100%的可替代因素，即生产过程完全依赖电力，然而各个行业存在一定的异质性，建筑行业对于电力的依赖程度并没有其他行业那么高，因此统一设定100%的可替代因素可能导致建筑行业结果的高估。

为了方便理解，本文计算了2010—2018年各行业的平均增加值和用电量分布情况，如表4所示。从表中可以看出，VOLL与行业增加值和电力消费量的相对大小有关，2010—2018年制造业虽然创造了总增加值的29.64%，但其电力消费量却占总电力消费量的61.38%；相比之下建筑业和农、林、牧、渔

[①] 叶泽和邹颖（2020）的分行业VOLL测算对象是广东省，在区域选择和行业划分上与本文均有较大差异，因此不再进行测算结果的对比。

业都创造了低于10%的增加值，但是其电力消费量占比低于3%，因此使用电力消费量标准化导致了偏高的VOLL，也就是说建筑业和农林牧渔业偏高的VOLL与使用电力消费量进行标准化有很大的关系。除此之外，上文中提到的对于可替代因素的简单设定也可能导致对电力依赖程度较低行业的VOLL结果的高估。

表4 2010—2018年各行业平均增加值和用电量分布情况（按用电量占比排序）

行业	平均年增加值（亿万元）	占比（%）	平均年用电量（亿千瓦时）	占比（%）	平均VOLL
建筑业	39253.49	6.91	684.61	1.40	57.34
农、林、牧、渔业	49627.71	8.74	1065.73	2.17	46.57
交通运输、仓储和邮政业	25202.79	4.44	1106.90	2.26	22.77
批发和零售业、住宿和餐饮业	64302.12	11.32	2025.77	4.13	31.74
采矿业	19956.54	3.51	2377.18	4.85	8.40
其他行业	187432.00	32.99	3801.29	7.76	49.31
电力、热力、燃气及水生产和供应业	13935.88	2.45	7866.70	16.05	1.77
制造业	168377.21	29.64	30086.76	61.38	5.60
合计	568087.74	100.00	49014.95	100.00	11.59

资料来源：笔者测算。

（二）家庭部门

1. 计算方法

本文同样是利用生产函数法对家庭部门的VOLL进行测算，具体计算公式如下：

$$VOLL_i = \frac{LV_i}{ELC_i} \tag{41}$$

LV_i = 平均休闲时间×平均小时工资×（就业人数+未就业因素×未就业人数） (42)

平均休闲时间 =（每日时间-每日个人护理时间-日平均工作时间）× $\frac{工作天数}{年总天数}$ +（每日时间-每日个人护理时间）× $\frac{不工作天数}{年总天数}$ (43)

其中，LV_i（Leisure Value）为家庭部门年间休闲价值，ELC_i 为家庭部门的年间电力消耗量，未就业人数是指该省份除就业人员外的全部人员。

2. 数据来源与处理

家庭部门的电力消费量数据源自《中国能源统计年鉴》。计算休闲价值涉及数据较多，其中每日时间是指每天 24 小时；平均休闲时间的计算中需要的每日个人护理时间来自国家统计局 2018 年发布的全国时间利用公报，此处的每日个人护理时间指不需要或者几乎不依赖电力的个人生理必须活动时间；日平均工作时间来自《中国人口和就业统计年鉴》，由于数据缺失，用城镇单位就业人员的周平均工作时间数据代替全体就业人员的平均工作时间，在数据处理上，用周工作时间除以五得到日均工作时间，一种处理方式是用周工作时间乘以 52 周再比上每年的工作日天数得到结果，本文未采用该方法，两种方法的结果只有较小的差异；工作天数和不工作天数依据中国法定的周末和节假日情况来计算，每年的工作天数为 250 天；就业人数和平均工资的原始数据和处理过程所需数据源于各省统计年鉴和《中国统计年鉴》，未就业人数由总人数或常住人口数减去就业人数得到，具体处理视数据情况而定；工资数据除浙江省外均采用城镇单位就业人员平均工资，处理方式为将城镇单位就业人员平均工资用城乡工资性收入比值加权估算出农村就业人员平均工资，再用城乡就业人员数占比加权估算出全省平均工资，其中对于城乡工资性收入的比值，2009—2013 年为总收入中的工资性收入，2014—2017 年为可支配收入中的工资性收入，但由于采用的是同一年份城乡工资性收入的比值，在保证同一年份工资性收入的来源一致的情况下仍采用了该处理方式，浙江由于缺乏城乡就业人数的数据，采用了全社会单位就业人员平均工资，所有的工资数据都以 2009 年为基期进行了平减处理；未就业因素是指未就业人员的休闲价值占就业人员休闲价值的比例（CEPA，2018），本文参照 De 等（2007）直接采用了 50%的未就业因素。

本文计算了 8 个电力现货试点地区 2009—2017 年的家庭部门失负荷价值，通过家庭部门和非家庭部门的电力消费量占比为权重计算了 2009—2017 年电力现货试点地区的省平均失负荷价值，并对不符合预期的异常值进行了分析。

3. 实证结果

表 5 为 8 个电力现货试点地区家庭部门 2009—2017 年的 VOLL 测算结果。从变化趋势来看，八个地区家庭部门 VOLL 的变化不大，但是各地区之间的差异程度较大：福建的 VOLL 较低、广东、山东和四川的 VOLL 较高、甘肃的

VOLL 明显高于其他省份。对比表 2 和表 5 可以发现家庭部门与非家庭部门的 VOLL 有较大差异，其中家庭部门的 VOLL 要高于非家庭部门，这与 CEPA（2018）中得到的结论一致。

表 5　　2009—2017 年中国电力现货试点地区家庭部门 VOLL 测算

省份/年份	2009	2010	2011	2012	2013	2014	2015	2016	2017	均值
广东	30.06	27.80	31.63	32.19	35.71	35.21	39.97	40.42	41.53	34.95
内蒙古	33.54	29.80	28.54	32.14	34.30	36.43	38.03	35.94	32.49	33.47
浙江	39.78	33.19	33.87	33.40	31.92	36.02	38.55	34.89	34.36	35.11
山西	33.73	29.13	33.32	34.03	35.18	36.19	39.13	37.79	38.13	35.18
山东	38.19	33.35	35.67	37.20	37.57	40.73	44.86	43.20	41.20	39.11
福建	18.73	16.56	19.25	21.27	21.16	22.73	27.10	25.87	25.42	22.01
四川	33.61	33.29	33.61	36.64	39.47	41.28	48.17	45.13	44.90	39.57
甘肃	40.63	34.14	32.93	38.05	42.41	42.29	49.84	48.91	48.43	41.96
均值	33.53	29.66	31.10	33.12	34.72	36.36	40.71	39.02	38.31	35.17

资料来源：笔者测算。

用家庭部门和非家庭部门各自的电力消费量占比作为权重，对 VOLL 加权可以得到全省平均 VOLL（见表 6），虽然家庭部门的 VOLL 结果明显高于非家庭部门，但其电力消费量占比较低，因此全国 VOLL 计算结果排名更接近于非家庭部门的情况，也就是说在全国的 VOLL 的计算中非家庭部门占据了主要的地位。

表 6　　2009—2017 年电力现货试点地区全省平均 VOLL

省份/年份	2009	2010	2011	2012	2013	2014	2015	2016	2017
广东	16.07	15.19	15.65	16.12	16.93	16.96	18.42	18.16	18.97
内蒙古	9.37	8.63	8.32	8.28	8.18	7.84	7.66	7.54	6.26
浙江	14.53	13.52	13.31	13.73	13.72	14.30	15.29	15.08	14.60
山西	8.81	8.46	8.71	8.87	8.96	9.27	10.17	9.95	10.03
山东	15.72	14.83	14.61	15.20	15.41	16.07	14.32	14.19	14.59
福建	14.20	14.39	14.31	15.39	14.79	15.71	17.06	17.34	17.13
四川	17.48	17.22	15.19	16.67	18.79	19.56	22.32	23.10	23.53
甘肃	7.88	7.46	7.26	7.69	7.98	8.31	8.97	9.78	9.20

资料来源：笔者测算。

4. 对家庭部门 VOLL 的拓展分析

在家庭部门，因为 VOLL 的测算与休闲价值成正比，而休闲价值通过平均工资计算，所以家庭部门的 VOLL 应与该地区的收入成正比，这意味着经济发达地区应该有更高的 VOLL（CEPA，2018）。但本文中甘肃和福建的结果却完全偏离该预期，内蒙古和山西的结果也出现轻微偏离（见表5）。为了解释这一现象，本文列出了 2009—2017 年 8 个省份家庭部门的平均年电力消费量、平均年休闲价值和平均未就业人员占比分布情况，并按照用电量占比进行了排序（如表7所示）；表8 和图2 为 2017 年家庭部门不同未就业因素的 VOLL 敏感性分析结果。结合这些图表，本文对家庭部门 VOLL 的测算情况进行分析。

表7　　　2009—2017 年家庭部门数据分布情况（按用电量占比排序）

省份	平均年电力消费量（亿千瓦时）	占比（%）	平均年休闲价值（亿元）	平均未就业人员占比（%）
甘肃	69.10	2.72	2958.12	70.54
内蒙古	111.42	4.38	3764.66	46.00
山西	140.37	5.52	5006.63	50.09
福建	311.04	12.23	7029.32	32.46
四川	312.58	12.29	12656.43	42.79
浙江	412.54	16.22	14436.52	23.39
山东	453.54	17.83	17953.95	32.98
广东	733.10	28.82	26256.08	41.00

资料来源：笔者测算。

表8　　　2017 年家庭部门未就业因素敏感性分析

省份	未就业因素=25%	未就业因素=50%	未就业因素=75%	VOLL 变化率（%）	弹性
广东	36.71	41.53	46.35	12	0.23
内蒙古	27.95	32.49	37.02	14	0.28
浙江	32.08	34.36	36.64	7	0.13
山西	32.06	38.13	44.20	16	0.32
山东	36.92	41.20	45.49	10	0.21
福建	23.33	25.42	27.51	8	0.16
四川	38.61	44.90	51.20	14	0.28
甘肃	42.22	48.43	54.64	13	0.26

资料来源：笔者测算。

（元/千瓦时）

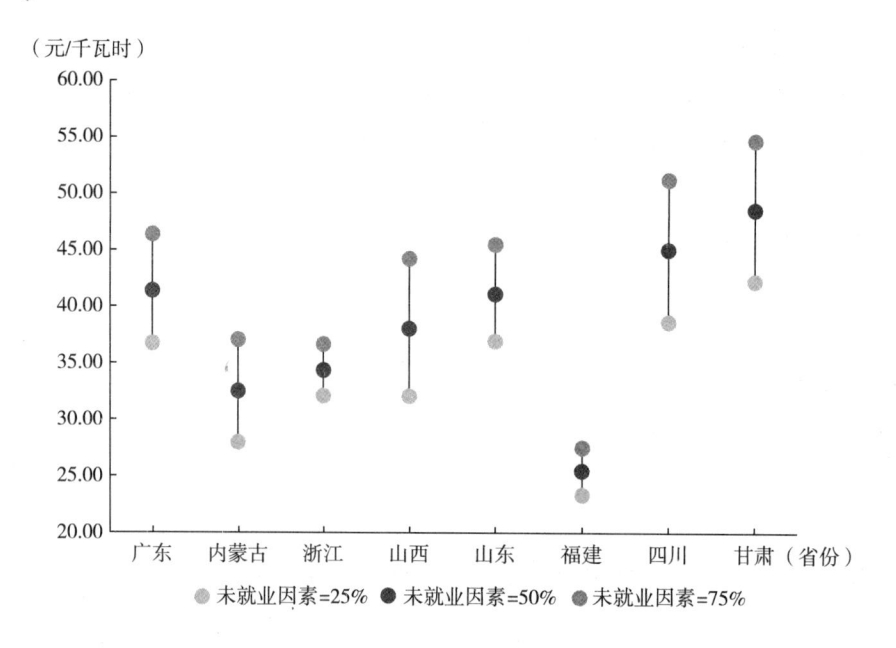

图2　2017年家庭部门未就业因素敏感性分析

资料来源：笔者整理。

第一，电力消费量因素。家庭部门的 VOLL 由休闲价值比上电力消费量得出，因此最终结果取决于休闲价值和电力消费量的相对大小。如表7所示，以甘肃和福建为例，福建省的居民收入更高因此其年均休闲价值是甘肃的两倍左右，但其电力消费量却是甘肃的四倍左右，导致其 VOLL 反而低于甘肃，这是因为电力消费量的差异使甘肃和内蒙古的结果偏高。

第二，未就业因素。由于难以计算未就业人员的休闲价值，本文将未就业因素直接设定为50%，即未就业人员的休闲价值为就业人员的一半，这种设定带有一定的主观性。表8和图5对未就业因素进行了敏感性分析，分别测算了2017年未就业因素由50%变为25%和75%时的 VOLL 结果，得出了 VOLL 相对于未就业因素变动的弹性。虽然结果显示这种变动缺乏弹性，但山西、内蒙古、四川和甘肃的弹性相对较高，结合表7可知，甘肃、内蒙古和山西的年均未就业人员占比也较多，因此若实际的未就业因素低于50%，那么目前设定的未就业因素会导致弹性较大的省份出现结果的高估。

第三，可替代因素。CEPA（2018）通过调查得出不同地区的家庭部门用户有不同的可替代因素，因此在计算欧洲地区家庭部门的 VOLL 时对收入较高的北欧采用了63.1%的可替代因素，对其余收入相对较低的地区采用了58.3%的可替代因素。本文由于无法获得国内准确的数据，忽略了对可替代因素的考虑，即默认所有家庭部门休闲时间对电力的依赖程度一致且均为100%。但根据CEPA（2018）对欧盟地区的调查结果，经济发达地区的居民在休闲时间会从事更多依赖于电力的活动，这一结果也符合预期，因此本文没有考虑不同地区的可替代因素会导致经济发达地区结果的低估。

测算结果的准确性会存在一定偏差，主要是因为家庭部门和非家庭部门的VOLL计算均有导致误差的因素存在，首先，在方法上由于缺乏有效的计算依据，未考虑可替代因素和未就业因素；其次，数据局限性和处理造成的误差：在家庭部门的计算中工资数据通过估算得出、个人生理必须活动时间没有省际和时间序列上的差异、平均工作时间没有省际差异，这都会导致结果的偏误并降低可比性，因此需要进一步研究以获得更准确结果的领域。

通过以上的实证测算明显看出不同地区、不同部门的电力用户之间的VOLL具有差异性，因此在制定相关政策时采取"一刀切"的方式可能会导致不公平且低效率。掌握不同电力用户的断电经济价值后，可以更加灵活地推进电力市场建设、提升市场运行效率；用户也能选择更加个性化的电力消费方式，体验更高的服务质量。

五 研究展望与在中国的应用前景

（一）VOLL 研究展望

1. VOLL 的解释力有待增强

目前，大部分VOLL的实证测算对于断电的经济影响的解释并不全面：一是断电造成的经济影响有直接和间接之分，间接影响一般不会在断电后立刻显现。现有的VOLL测算方法大多只考虑了断电造成的直接影响，只有较少的方法如客户调查法考虑了间接影响。二是对于直接影响的考虑也不全面，多数研究只考虑部分部门和部分损失；非家庭部门的测算很少包含提供基础设施的公共事业部门；工商业等部门生产损失很少计算材料的损坏、误工造成的合同赔款、重启成本等，这些因素都导致VOLL对于断电价值的解释不够充分，因此有待进一步的完善。三是考虑到VOLL研究的重要作用之一是为电力监管机构或者电力公司提供政策建议，但这种应用往往只是在一定的区域内开展，其结果不具有广泛代表性。为了保证结果可比，应根据具体的研究和应用目的，形成尽可能统一的标准测算程序，从而增加VOLL的解释力。

2. 增加 VOLL 应用与实际效果分析

理论研究的价值应当在实际应用中展现，实际应用效果可以反过来促进理论研究的改进。目前 VOLL 的研究方法和实证测算都有了一定的进展，但与理论研究相比，实际应用以及应用的效果分析却相对匮乏。今后应当进一步分析 VOLL 对于现实中的政策或者市场行为等的影响，因为只有这样才能在评估 VOLL 应用绩效的同时，对 VOLL 研究方法的改进提供反馈。

（二）VOLL 在中国的应用前景

虽然 VOLL 的研究数量逐年增加，但这种研究的地理分布是不均匀的，中国在 VOLL 理论框架与实证测算方面均存在较大的不足。

第一，中国 VOLL 的研究首先应丰富相关理论，再结合中国背景和数据情况考虑适合中国的测算方法。直接方法需要大量的人力与财力，且处理调查结果需要一定的时间周期；间接方法的数据相对容易获得，形成的结果也较为客观；而混合方法则兼顾了直接方法和间接方法的优点，通过直接方法来弥补间接方法中对于 VOLL 影响因素的不足考虑，简单的调查也较为容易开展。因此，在开展研究时可考虑从相对容易的间接方法入手，再辅以简单的直接调查，逐渐丰富理论研究，形成完善的 VOLL 测算理论体系。

第二，VOLL 代表了单位电力的经济价值，除直观上可以用于测算断电的经济损失外，对于电力市场的改革也有一定作用，具体而言，有以下应用前景：

1. 应用 VOLL 设置差别电价

目前中国存在分时电价和对高能耗的企业实行差别电价的政策，这些政策的制定考虑的主要是电力需求量，政策目标是通过不同的电价改变电力消费者的行为，转移电力消费高峰、缓解供应压力。VOLL 的计算反映出电力消费量高的用户电力价值不一定高，尤其在生产函数法中，产出一定时电力消费量和电力价值成反比，这说明峰值电力需求和峰值电力价值并不同时出现。通过 VOLL 的实证研究可以看出不同主体的电力价值不同、同一主体在不同时间的电力价值也不同，因此在现有的差别电价下可以考虑结合电力价值和电力需求设置来区分用电主体和用电时间的差别电价，售电端可以获得更加合理的收益，也能促进电力消费端考虑更加合理的电力使用分配。

2. 应用 VOLL 优化输配电行业质量监管，提升电力供应服务

电网的运行过程中会涉及多种电价，各环节电价的形成涉及多方面因素，并不全部依据电力的价值设定。VOLL 可以为各环节的价格监管提供参考，将其纳入价格设定、激励机制和绩效评价的环节，如在输配电的价格体系中，

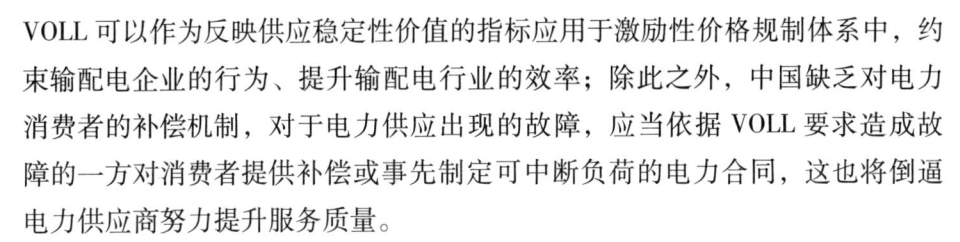

VOLL可以作为反映供应稳定性价值的指标应用于激励性价格规制体系中，约束输配电企业的行为、提升输配电行业的效率；除此之外，中国缺乏对电力消费者的补偿机制，对于电力供应出现的故障，应当依据VOLL要求造成故障的一方对消费者提供补偿或事先制定可中断负荷的电力合同，这也将倒逼电力供应商努力提升服务质量。

3. 指引电力市场合理投资改造

在"碳达峰，碳中和"的政策背景下，可再生能源的发电比例提高是不可避免的趋势，但可再生能源的发电波动性较大，为了保证电力供应的稳定，需要进行电网的改造；输配电改革的推进也使电网规划和投资问题更加突出。电力行业是资本密集型行业，投资应当以市场价格为信号指引投资方向，进行投资收益分析，而VOLL表示的电力价值可以为电力市场的资源配置提供指引，避免出现投资不足或者投资过剩的现象，提升资源配置效率。

4. 应用VOLL减少断电损失

VOLL的测算可以获得不同电力用户的电力经济价值，在有计划的断电发生前，可以根据VOLL的大小确定不同地区和用户的断电顺序。在进行电力系统的维修与升级时，同时从断电损失最小的角度对不同的电力用户进行有针对性的改造。

参考文献

胡博等：《基于萤火虫优化算法的分布式发电设备容量分配及配电网孤岛划分》，《电力系统保护与控制》2018年第13期。

何永秀等：《基于投入—产出法的电力失负荷价值研究》，《电网技术》2006年第1期。

施泉生、李士动：《基于失负荷价值的可中断负荷定价研究》，《华东电力》2013年第8期。

谭显东、胡兆光：《基于投入产出法的电力失负荷价值研究拓展》，《电网技术》2008年第1期。

叶泽：《当前我国输配电价改革成效、问题及对策》，《价格理论与实践》2016年第2期。

叶泽、邹颖：《电力现货市场价格上下限的形成机理与测算方法研究》，《第九届政府管制论坛论文集》，2020年。

Agency for Cooperation of Energy Regulators，"Methodology for Calculating the Valueof lost load，the Cost of New Entry and the Reliability Standard"，Eourope，

2019.

Ajodhia V. S. , "Regulating Beyond Price, Integrated Price-Quality Regulation for Electri-city Distribution Networks", Holland: Technische Universiteit Delft, 2005.

Bertazzi A. , et al. , "The Use of Customer Outage Cost Surveys in Policy Decision-Making: The Italian Experience in Regulating Quality of Electricity Supply", International Conference and Exhibition on Electricity Distribution, IET, 2005.

Bliem M. , "Economic Valuation of Electrical Service Reliability in Austria-A Choice E-xperiment Approach", Austria: Institut für Höhere Studien Kärnten, 2009.

Billinton R. , et al. , "Assessment of Electric Service Reliability Worth", *International Journal of Electrical Power and Energy Systems*, 1993, 15 (2): 95-100.

Cambridge Economic Policy Associates Ltd. , "Study on the Estimation of the Value of Lost Load of Electricity Supply in Europe", Europe: Agency for the Cooperation ofEnergy Regulators, 2018.

Chen H. , et al. , "Assessing the Business Interruption Costs from Poweroutages in China", *Energy Economics*, 2022, 105.

De Nooij M. , et al. , "The Value of Supply Security: The Costs of P-ower interruptions: Economic Input for Damage Reduction and Investment in Networks", *Energy Economics*, 2007.

Eimear L. , et al. , "An Estimate of the Value of Lost Load for Ireland", *Energy Policy*, 2011, 39 (3).

Fare R. , et al. , "Shadow Prices and Pollution Costs in U. S. Agriculture", *Ecological Economics*, 2006, 56 (1): 89-103.

Growitsch C. , et al. , "The Costs of Power Interruptions in Germany: An Assessment in the Light of the Energiewende", EWI Working Papers, 2013, 31 (10): 142-145.

Gunduz N. , "Value of Continuity of Electricity Supply from the Distribution System O-perators' Perspective", Finland: Aalto Univeisity, 2019.

Gunduz N. , et al. , "Customer Interruption Cost Estimations for Dist-ribution System Operators in Finland", IEEE PES Innovative Smart Grid Technologi-es Conference Europe (ISGT-Europe), IEEE, 2018.

Gunduz N. , et al. , Regional Differences in Economic I-mpacts of Power Outages in Finland", Working Papers, 2018.

Kufeoglu S., Lehtonen M., "Comparison of Different Models for Estimating the Reside-ntial Sector Customer Interruption Costs", *Electric Power Systems Research*, 2015, 122 (may): 50-55.

Kuefeoglu S., Lehtonen M., "Interruption Costs of Service Sector Electricity Customers, A Hybrid Approach", *International Journal of Electrical Power and Energy Systems*, 2015, 64 (64): 588-595.

Kufeoglu S., et al., "Shadow Pricing of Electric Power Interruptions for Distribution System Operators in Finland", Working Papers, 2018.

Linares P., Rey L., "The Costs of Electricity Interruptions in Spain. Are We Sending t-he Right Signals?", *Energy Policy*, 2013, 61 (8), 751-760.

Munasinghe M., Gelllerson M., "Economic Criteria for Optimizing Power System Relia-bility Levels", *The Bell Journal of Economics*, 1979, Vol. 10: 353-365.

Shivakumar A., et al., "Valuing Blackouts and Lost Leisure: Esti-mating Electricity Interruption Costs for Households Across the European Union", *Energy Research and Social Science*, 2017, 34: 39-48.

Thomas S., Wilhelm K., "Value of Lost Load: An Efficient Economic Indicator for Po-wer Supply Security? A Literature Review", *Frontiers in Energy Research*, 2015.

Yuan P., et al., "Improving Electricity Supply Reliability in China: Cost and ince-ntive Regulation", *Energy*, 2021, 237.

安徽省融入 RCEP 的现状、问题与对策研究：基于政府规制的分析视角[*]

陈以定　罗玉辉[**]

摘　要　当今世界正处于百年未有之大变局。中国经济的辉煌成就加快了世界格局剧烈转变，一边是大洋彼岸的各种"退群"，另一边是新兴国家争取共同发展的"入群"，显示出熙熙攘攘的世界经贸格局。全球最大的自由贸易区 RCEP 的诞生，中国将在建设开放型的世界经济中发挥更大作用。本文基于对中国中部省份安徽省的调研，对安徽省参与 RCEP 的现状进行分析，对安徽省融入 RCEP 的优势与劣势进行挖掘，进而提出六点可能性的对策措施，如成立"安徽省参与 RCEP 联席会议"，构建安徽省与 RCEP 国家驻沪领事机构常设性对话机制；发展安徽省与 RCEP 国家地方友城关系；推动安徽自贸区与 RCEP 国家"特殊经济区"交流合作；搭建皖企走进 RCEP 国家的投资平台与银企对接平台；设立 RCEP 研究机构，建立 RCEP 专家库，整合 RCEP 研究智力资源；加强向涉外皖企进行 RCEP 宣传与培训等。通过对安徽省"一般个案"的调研研究，这些问题与对策对其他省份具有很好的借鉴作用，进而对中国参与、引导、推动 RCEP 健康发展提供智力支撑。

关键词　安徽省；RCEP；现状与问题；对策研究

一　引言

改革开放是中国的一项基本国策，全面融入经济全球化是长期方针。构

---

[*] 安徽大学校级课题"推动安徽与 RCEP 国家经贸合作平台建设研究"。
[**] 陈以定，安徽大学马克思主义学院副教授。罗玉辉，安徽大学 RCEP 国家研究中心副教授。

建面向全球的高标准自贸区网络一直是中国全面融入经济全球化的一项重要战略举措。2020年11月15日，中国、日本、韩国、澳大利亚、新西兰和东盟10国等15个国家，签署了《区域全面经济伙伴关系协定》（RCEP），达成了世界上覆盖人口最多、经贸规模最大、最具发展潜力的自贸区协定。作为中国自由贸易区战略的重要组成部分，RCEP的签署将对中国经济发展和社会进步具有重要的推动作用。在RCEP框架下，一方面，关税壁垒、非关税壁垒和投资壁垒的大幅削减，将大幅降低成员国企业利用自贸协定的制度性成本，从而产生贸易转移与贸易创造效应，通过拉动相互之间的贸易与投资，带动地区整体和各成员国的经济增长。另一方面，各成员国之间的货物、服务、投资等领域市场准入进一步放宽，原产地规则、海关程序、检验检疫、技术标准等逐步统一，将有利于东亚地区经济要素自由流动，有助于区域内建立更精细、更完善的产业链分工体系。同时，RCEP的签署也为中国加快构建双循环新发展格局提供了关键的机制性合作平台。在RCEP框架下，中国对外开放将进一步扩大、营商环境将进一步优化、国际国内两个市场资源和要素配置效率将不断提升。

二 安徽省与RCEP国家交流合作的现状分析

"十三五"时期，安徽省主动适应经济全球化新形势，不断扩大开放领域，积极营造开放型经济发展的良好环境，加快培育对外开放新优势，安徽省与RCEP国家在贸易往来、利用外资、对外投资、工程承包与劳务输出、人员往来、人文交流等方面不断发展与深化，呈现出良好发展势头。

（一）安徽省与RCEP国家经贸往来持续扩大

"十三五"时期，安徽省与RCEP国家贸易额，由2016年的111.28亿美元增加到2019年的201.5亿美元，年均增长21.9%。受新冠状病毒世界大流行对安徽省进出口的影响，2020年1—5月，安徽省与RCEP国家贸易额仍达85.33亿美元，占同期安徽省进出口总额的30%（2020年1—5月安徽省进出口总额为284.1亿美元）。

在RCEP国家中，中国—东盟自由贸易区已于2010年1月1日正式全面启动。自2019年8月20日中国—东盟自贸协定"升级版"实施以来，安徽省企业共获得"升级版"原产地证书3.25万份，签证金额达120.47亿元，共减免进口国关税7.23亿元，有力地发挥贸易创造效应，推动安徽省与东盟国家的经贸往来。为充分发挥"升级版"的富矿效应，自新冠疫情发生以来，为了应对新冠疫情对跨国贸易带来的影响，中国与东盟国家积极加深合作。中国和新加坡、老挝、缅甸、印度尼西亚等东盟国家建立了人员"快捷通道"和货物"绿色通道"，恢复与越南等东盟国家的直飞国际航班，并积极探讨建立中国—东盟和东亚区域"快捷通道""绿色通道"网络，推动区域金融安全网建设，维护地区供应链、产业链和金融稳定。与此同时，合肥海关推出"零见面""云签证"等模式，对重点AEO认证企业开展"信用签证"定制服务，根据企业需求推出"空白证书申领""代寄送"等便利化举措，助力安徽地区显示器、机械器具、机电产品、有机化学品、塑料制品、轮胎、中药材等特色优质产品复工达产，进一步发挥了原产地证书关税减免、通关结汇和贸易畅通方面的积极作用，扩大皖企在东盟国家贸易覆盖面。

随着与RCEP国家经贸合作的深入，皖企开始探索由商品出口向技术出口转型。如合肥丰乐种业股份有限公司最初主要向一些RCEP国家输出种子。在RCEP国家中，丰乐牌西甜瓜良种在东南亚市场具有良好的美誉度和较高的市场占有率；绿肥产品紫云英、苕子在日本、韩国占有较大的市场份额；水稻、经济作物在东南亚市场具有较强竞争力。近些年，合肥丰乐种业股份有限公司也开始在印度尼西亚、越南等国家的客户，提供了百余个优良的杂交水稻、棉花、油菜品种进行试种，进行育种技术输出。与合肥丰乐种业股份有限公司相似，另一家皖企种业公司——安徽隆平高科（新桥）种业有限公司在菲律宾建立了杂交水稻研发公司，开展本土化育种和生产试验，已选育种出一批更适应本土生长的优质潜力品种，在品种米质、产量、抗病性方面都有了很大的提升，大大加快了中国优良品种海外市场化的步伐。

（二）安徽省利用RCEP国家外资总体规模较小、波动较大

"十三五"时期，安徽省利用RCEP国家外资主要来自日本、韩国、新加坡、澳大利亚、新西兰等发达经济体，2016年到2019年实际利用外资分别为10.93亿美元、9.86亿美元、6.3亿美元、11.68亿美元，分别约占当年安徽利用外资总额的7.4%、6.2%、3.7%、6.5%，2020年1—5月为5.59亿美元，约占同期安徽利用外资总额的7%。

在RCEP国家中，安徽省与日本、韩国的经贸合作最卓有成效，分别是安徽省前两大贸易伙伴和前两大投资来源地。具体在利用日资、韩资方面，截至2019年年底，日本在安徽省设立外商投资企业488家。2019年，日本在安徽省投资新设14家外商投资企业、同比增长16.7%，实际吸收日本直接投资5.5亿美元，同比下降增长64.1%。2020年1—7月，日本在安徽省投资新设4家外商投资企业、同比下降60%，实际吸收日本直接投资3.7亿美元，同比下降2.9%。主要企业有日立建机（中国）有限公司、尼普洛医疗器械（合肥）有限公司、淀川盛铃（合肥）高科技钢板有限公司、合肥恩斯克有限公司、花王（合肥）有限公司等。而在利用韩资方面，截至2019年年底，韩国在安徽省设立外商投资企业347家。2019年，韩国在安徽省投资新设20家外商投资企业、同比下降13%，实际吸收韩国直接投资0.9亿美元，同比下降37.8%。2020年1—7月，韩国在安徽省投资新设5家外商投资企业、同比下降50%，实际吸收韩国直接投资1.7亿美元，同比增长207.5%。主要韩企有三星阳光（合肥）储能电池有限公司、浦项（芜湖）汽车配件制造有限公司、绿十字（中国）生物制品有限公司等。从产业看，日韩在安徽省投资企业主要涉及制造业，包括机械、金属结构、纸制品、锂电池、生物药品等。

（三）安徽省对RCEP国家直接投资规模较小、增速较快

2016年到2018年安徽省对RCEP国家直接投资分别为6964万美元、8859万美元、14192万美元，分别约占当年安徽对外直接投资总额的6.1%、9.6%、9.8%。与安徽省利用RCEP国家外资相比较，安徽省对RCEP国家直接投资则主要集中的越南、老挝、柬埔寨、缅甸、泰国、印度尼西亚等东南亚发展中国家。

在安徽省对RCEP国家发展外经中，最有代表性的案例就是安徽海螺水泥对印度尼西亚的投资。印度尼西亚是安徽海螺水泥走出国门的第一站。2013年习近平总书记提出共建21世纪"海上丝绸之路"的重大倡议后，海螺集团积极响应，2014年年底位于印度尼西亚南加里曼丹省大巴隆县竣工投产的南加里曼丹海螺水泥有限公司（"南加海螺"），成为第一个践行"海上丝路"倡议的中国水泥投资企业。目前海螺水泥在印度尼西亚产能1125万吨，已成为第三大水泥集团，市场占比越来越高。此后安徽海螺水泥先后在印度尼西亚爪哇岛西部万丹省设立印度尼西亚海螺水泥有限公司（"印尼海螺"）、北雅加达市PIK区设立印度尼西亚海螺国际贸易有限公司（"印尼国贸"）、苏拉威西岛南苏省巴鲁县巴鲁海螺水泥有限公司、西加里曼丹省MEMPAWAH县SIATAN镇WOJOK村西加里曼丹海螺水泥贸易有限公司、北苏海螺水泥有限公司等集水泥生产、储存、运转、贸易等一系列子公司，在推广先进的水泥工艺生产技术、促进印度尼西亚国经济振兴、推进印度尼西亚基础设施建设、壮大地方经济实力以及促进中印两国经贸文化往来、加深两国人民的友谊等方面将做出自己积极的贡献。

（四）安徽省接待 RCEP 国家旅游人数较多，约占安徽省接待境外游客的 40%

2017 年，安徽省接待韩国、日本、新加坡的旅游人数分别为 935021 人次、208815 人次和 150297 人次，共 1294133 人次，占当年安徽省接待外国游客 3209788 人次的 40.3%。2018 年，安徽省接待上述三国的旅游人数则增加到 978324 人次、242848 人次和 159155 人次，共 1380327 人次，增长 6.7%，占当年安徽省接待外国游客 3540644 人次的 39.0%。其中，新加坡、马来西亚、泰国等东盟国家是安徽省重要的入境旅游客源市场，2019 年入境安徽省游客约 60 万人次，约占入境总人次的 10%。另外，自 2000 年以来，每年有 20 万人次左右韩国游客来九华山观光朝拜，占九华山境外游客量的 25% 以上。

安徽省除了接待 RCEP 国家游客旅游观光外，还切实开展景区间的相互交流合作。如安徽省黄山与吴哥窟分别于 2016 年和 2020 年两次签订友好合作备忘录，强化双方互借平台、互办影展，宣传和推介各自优势旅游资源，扩大了双方境外客源市场，并通过线上线下融合方式，继续巩固和加强现有的合作机制，在信息共享、高层互访、人员交流等方面进一步深化合作，促进两地文化旅游共同发展。再如，2019 年 9 月 5 日，在印度尼西亚林贾尼-龙目岛世界地质公园召开的第六届亚太世界地质公园大会上，九华山世界地质公园与印度尼西亚林贾尼-龙目岛世界地质公园签署友好合作协议，正式缔结为姊妹公园，成为九华山历史上第一对国际姊妹公园。根据协议，九华山世界地质公园与林贾尼-龙目岛世界地质公园商定在地质资源保护管理、合理利用、旅游推广和可持续发展等方面加强交流与合作，组织公园决策者、旅游业及企业家、管理人员、科学培训人员进行互访，联合开展地质科研科普、地质公园展览，共同构建地质保护建设平台，推动双方地质公园的建设和发展，实现合作共赢。

（五）安徽省与 RCEP 国家人文交流丰富多样

如在高等教育方面，安徽大学成建制选派材料学科"英才班"赴新加坡南洋理工大学、澳大利亚迪肯大学学习，与柬埔寨安徽商会合作，实施成建制招收培养柬埔寨籍留学生项目，提升国际教育质量，扩大国际学生规模，与日本京都大学共建黄山生物多样性与短尾猴行为生态学国际联合研究中心。而为顺应时代对印度尼西亚语人才的需求，合肥工业大学于 2019 年开设印度尼西亚语专业，成为国内第一所开设印度尼西亚语专业的理工类院校，并于今年 5 月，与印度尼西亚哈桑努丁大学文化学院签署合作协议，就印度尼西亚语人才培养、疫情后的学生互换交流及师资互访等多方面达成合作共识。

在职业教育方面，1998年，安徽省常务副省长张平率政府代表团访问澳大利亚，与西澳州政府在珀斯（Perth）签订了科技与教育合作协议，由安徽省科技培训中心与西澳州中央政府理工学院（TAFE）联合成立安徽中澳科技继续教育学院。2000年作为安徽大学的专科教学点开始普通高等教育招生，2001年在全省率先开展中外合作项目，2003年6月正式成立安徽中澳科技职业学院。为主动适应教育部"留学中国计划""推进共建'一带一路'教育行动"，自2019年开始，合肥幼儿师范高等专科学校招收首届东南亚国家留学生。为让企业发展惠及所在国，实现政府、学校、企业的共赢发展，安徽海螺水泥印度尼西亚区域与印度尼西亚大巴隆县政府、宿州学院、芜湖职业学院共同合作，签署关于印度尼西亚籍高中应届生的高技能人才试点培养战略合作协议。在基础教育方面，淮北一中与澳大利亚墨尔本市的"科技先锋"学校——诺斯科特中学、南澳大利亚圣弗朗西斯德赛尔斯中学结成姊妹学校等。在文化交流方面，作为文化和旅游部"2018年的海外推广项目"，安徽省2018年成功举办新加坡中国文化中心"2018安徽文化年"系列活动。

三 安徽省与RCEP相关国家合作的优势及其不足

当前，全球经济形势更加错综复杂，国际投资经贸规则加速重构，国家深入实施"一带一路"、长江经济带等发展战略，极大地推动了安徽省与RCEP相关国家合作。新冠疫情暴发、世界经济衰退和国际贸易萎缩、国家构建以国内大循环为主体国内国际双循环相互促进的新发展格局、安徽自贸区批准实施等为安徽省与RCEP相关国家合作带来了新一轮的机遇和挑战。安徽省沿江近海居中靠东承东启西的区位、长三角一体化的政策、便捷高效的基础设施、新兴产业与传统制造业的集群集聚等多种要素叠加组合是进一步推动安徽省与RCEP相关国家合作的优势。而对外开放基础薄弱、平台欠缺、交往生疏等因素则是制约安徽省与RCEP相关国家合作的不足之处。总体而言，安徽省与RCEP国家交流合作，跟沿海发达省份和西南沿边省份相比还存在较大差距。

（一）区位、政策、互联互通等多种叠加组合形成的优势

一是国家"一带一路"和长江经济带战略，有利于安徽省发挥沿江近海、居中靠东、承东启西的区位优势，进一步提升在国家构建以国内大循环为主体、国内国际双循环相互促进的新发展格局中的战略地位。二是随着皖江城

市带承接产业转移示范区、合芜蚌自主创新综合配套改革试验区等重大战略的实施，安徽省凭借政策优势产生的积极效果，承接沿海地区和国际产业转移的能力和吸引力不断增强，业已成为外商十分看好的一个产业转移和外资投放目的地。三是日益彰显的独特区位优势确立了安徽在全国综合交通网中的枢纽地位，内在推动安徽省高速公路、高铁、机场等综合交通运输网络的不断发展与完善。全国居首位的铁路通车里程、全国第二个"市市通高铁"省份、逐步形成的高铁"米"字形结构、中部地区第2位的公路运输能力、覆盖全国通达国际的6大机场航线、416千米长江岸线及皖江5港布局初步构建成安徽省比较发达的水、陆、空立体交通网。2016年12月，合肥港国际集装箱码头通过验收并对外开放，成为国内除长江干流之外内河上为数不多的对外开放水运口岸；2019年，合肥已经开行中欧班列310列，初步实现了与中亚、中欧沿线国家贸易的互联互通。马鞍山郑蒲港拥有9.5千米的深水岸线，是安徽江北唯一的万吨级深水港口资源，有直达印度尼西亚等东南亚国家的国际航线。如今，安徽建成了马鞍山港、芜湖港、铜陵港、安庆港、池州港5个水运一类口岸，安徽在通江达海上的短板正逐渐补齐。高效便捷、内外畅通现代化交通网络为发展安徽省与RCEP国家经贸往来、相互投资与交流合作提供坚实基础和良好条件。

安徽省沿江近海、居中靠东、承东启西的区位优势和皖江城市带承接产业转移示范区、合芜蚌自主创新综合配套改革试验区、安徽自由贸易试验区建设等政策优势，有力推动安徽省依托多层次承接产业转移平台吸引RCEP国家优质资本和新兴产业布局。

（二）综合性国家科学中心的创新优势

作为继上海张江之后，合肥成为中国第二个综合性国家科学中心，合肥重大原创成果加速涌现。目前国家实验室建设工作取得决定性进展，以托卡马克、同步辐射、稳态强磁场等为代表的大科学装置集群初步形成，原创性重大科技成果和关键核心技术快速涌现，安徽创新馆等"政产学研用金"六位一体的科技大市场启动建设，区域创新能力稳居全国第一方阵。合肥新型显示器件、集成电路、人工智能等入选首批国家战新产业集群，入选数位居全国城市第四、省会城市第二。2019年合肥每万人有效发明专利拥有量达32.5件，是全国平均水平的2.44倍。今年新增国家级高新技术企业超过800家，总量达到3300余家，新增A股上市企业9家，数量居全国省会城市第2位，战略新产业产值占全市工业比重超55%。目前合肥共有国家级科技企业孵化器16个，国家级众创空间20个，各类产业技术创新战略联盟22个。主要创新指标保持"两位数"增长，稳居省会城市第一方阵。"2018 魅力中国——外籍人才眼中最具吸引力的中国城市"中，合肥连续第二年夺得榜单第三，仅次于上海、北京。

合肥充分利用多重国家战略叠加效应，特别是抢抓新一轮科技革命和产业变革机遇，坚持下好创新"先手棋"，围绕产业链部署创新链，围绕创新链布局产业链，实施"链长制""群长制"，培育了新型显示器件、集成电路、人工智能等一批国家级战略性新兴产业集群，成为合肥新的"产业地标"。在集成电路、新型显示、人工智能、量子科技、新能源、高端装备、生物医药等战略性新兴产业，合肥加速科技创新，涌现出一批在行业中拥有话语权的企业。蔚来汽车中国总部落户合肥、德国大众 21 亿欧元入资江淮和国轩、协鑫 60GW 组件及配套项目产业基地、沛顿存储器先进封测基地、欧菲光光学光电产业基地等一批重大产业项目的相继签约落地；联宝科技全球首款可折叠柔性屏笔记本电脑上市；京东方 10.5 代线、维信诺 AMOLED 6 代线拉动新型显示产业跃升；晶合晶圆推动中国集成电路产业重镇崛起；科大讯飞从语音产业拓荒者到人工智能国家队。它们在战略性新兴产业中的地位，为合肥经济高质量发展提供了坚实的支撑。

聚焦人工智能、量子信息、集成电路、生物医药、先进结构材料等重点领域，合肥在量子科学、磁约束核聚变科学、脑科学与类脑科学、生命科学、生物育种、空天科技等战略性前沿研究，已形成诸多创新技术优势，为安徽省向 RCEP 国家进行技术输出与服务提供了扎实的基础。

（三）优势产业竞争力快速提升和高新产业集聚优势

安徽省汽车、装备制造、钢铁、有色、农业、家用电器、建材和能源等优势产业竞争力快速提升和新能源汽车、电子信息、新材料、文化创意等战略性新兴产业加快发展，使安徽省已具备通过利用外资大规模承接产业转移、参与全球产业竞争的基本条件，同时安徽省在全国率先系统推进全面创新改革试验，有利于有效集聚创新要素资源，加快升级安徽省经济结构和培育新的产业比较与竞争优势。

安徽协同推进新兴产业集群集聚，构建"芯屏器合"（这是合肥市协同推进新兴产业集聚、着力构建的四大体系。所谓"芯"，指芯片产业；"屏"，指新型显示产业；"器"，指装备制造及工业机器人产业；"合"，指人工智能和制造业加快融合。）体系，积极发展 24 个重大新兴产业基地，培育形成电子信息、智能家电、新能源汽车、工业机器人、人工智能五大新兴产业，全省高新技术企业数达 5400 多家。

"芯屏器合""集终生智"的战略性新兴产业布局，在合肥已经形成。从2020年5月起，半年时间里，23家世界500强、60多家中国500强纷纷投资合肥。前三季度，合肥新签约重点项目828个（百亿元项目7个），计划总投资3441亿元。其中，新签约总部类重点项目57个，计划总投资约680亿元。200亿元京东智能制造总部，100亿沛顿存储器先进封测基地追加投资，101亿欧菲光第二总部基地，80亿中国银联支付中心等。另外合肥市与启迪控股共同设立的启迪新基建产业（合肥）集团正式揭牌、宝武合肥总部、苏宁帮客全国总部、家乐福区域总部、中建五局驻皖总部等一批重大总部类项目先后签约落地。2020年前三季度，合肥全市生产总值增长2.7%，达到7182.25亿元，位居全国主要城市第21位、全国省会城市前10位。规模以上工业增速4.8%，高于同为长三角城市群副中心的南京和杭州。

京东方合肥10.5代TFT—LCD生产线实现满产，月投入玻璃基板达到120万片，在65英寸、75英寸市场的全球出货量排名居首。与京东方合肥厂区一条连廊相通的，是一家专门从事生产玻璃基板的外资公司。龙头企业带动上下游配套，合肥新型显示产业基地已集聚企业80家，一个千亿元级产业集群。联宝（合肥）电子科技有限公司是联想在全球最大的PC研发和制造基地，在生产高峰期，平均不到1秒就有一台笔记本电脑下线，产品远销全球126个国家和地区。现在40余家配套企业紧跟它的步伐相继落户合肥。而蔚来汽车与威马的入驻，将开始显现合肥在新能源汽车领域的"一哥"地位。在传统优势项目上，合肥也齐头并进，如家电产业中国家电制造基地的版图，已经从"北青岛、南顺德、中合肥"的排名，变成了"中合肥、北青岛、南顺德"。合肥家电几大件的产量、市场份额，连续多年居全国之首。

安徽省汽车、装备制造、钢铁、有色、农业、家用电器、建材和能源等优势产业竞争力快速提升和新型显示器件、集成电路、人工智能等战略性新兴产业加快发展，使安徽省已具备对RCEP国家进行资本输出、参与全球产业竞争的基本条件。

（四）推动多方交往合作的平台优势

除了上述安徽省拥有的区位、互联互通等多种叠加组合形成的优势、合肥综合性国家科学中心的科技优势、合肥"芯屏器合"高新产业集聚优势外，安徽省也在逐步打造和形成推动多方交往合作的平台优势。一是举办各级各类国际论坛。通过举办世界徽商大会、世界制造业大会江淮线上经济论坛、中国半导体材料创新发展大会、HCS合肥网络安全大会、中国国际多肽学术圆桌会议、第五届海峡两岸半导体产业（合肥）高峰论坛、清华校友助力合肥高质量发展论坛暨第二届清华校友创新论坛、中国半导体设备年会（第八届）等诸多会议，形成系列对外交往平台。二是打造各具特色中外合作产业园区。如中新苏滁高新技术产业开发区管理委员会充分利用中新苏州工业园区开发集团股份有限公司（以下简称"中新集团"）的资源和品牌，在新加坡设立了境外招商机构，立足东南亚、面向欧美，积极开展全方位、全球化招商，已引进11个国家和地区的外资项目共计50个，总投资约14亿美元，其中韩资15个、台资11个、新资5个、日资5个、美资4个、港资德资各3个，成为滁州乃至安徽外资集聚区。再如，池州经开区安徽中韩（池州）国际合作半导体产业园，遵循国际理念、国际标准、国际元素、国际技术要求，加强对韩国半导体产业的国际交流合作，打造产城融合的更高层次对外开放平台，重点发展半导体分立器件、集成电路封装测试、半导体装备及材料、智能终端应用四大领域，实施产业链供应链协同发展。三是畅通皖企与跨国公司的沟通渠道。目前，安徽省800多家皖企在海外打拼，业务遍及"一带一路"沿线30多个国家和地区。同时，已有包括大众、霍尼韦尔、联合利华等在内的近百家境外世界500强公司，在皖投资设立近200家企业。发挥皖企在海外商会和在皖外资海外公司的渠道优势，推动安徽省与RCEP国家的交流合作。

　　安徽省依托自由贸易试验区等改革创新平台和通过举办世界制造业大会、世界显示产业大会、世界声博会等展会，为打造安徽省与RCEP国家地方政府交流合作平台提供坚实的组织基础和经验积累。

　　但我们也要看到，与东部沿海发达省份相比，安徽省发展不足、不优、不平衡等问题带来的与RCEP国家经贸往来总体规模不高和相互投资存量与增量的低下。安徽省经济发展整体水平不高，新冠疫情致使经济下行压力增大，行业、区域、企业发展继续分化，深层次结构性矛盾日益凸显。一是从产业结构看，三次产业结构及内部结构不尽合理，多数产业处于产业链价值链中低端，新一代信息技术、高端装备和新材料、生物和大健康、绿色低碳、信息经济等战略性新兴产业块头不大、集聚度不高，煤炭、钢铁、水泥等部分产业产能过剩，发展方式较为粗放，对外开放程度不高，目前正处于产业发展新旧动力转换关键时期。二是从区域发展看，安徽省区域发展不平衡的现象较为突出，要素资源、节能减排、环境保护等约束条件越来越严格，落后区域集约发展的要求越来越高，皖江与皖北、皖西、皖南各区域板块发展差距在新形势下还可能进一步拉大。三是从市场主体看，安徽省高新企业数量总体不多、平均规模不大，自主创新能力不足，核心竞争力不强。

加快发展与转型升级的双重要求使安徽省发展外贸、利用外资、发展外经压力较大，这些因素影响了安徽省进一步扩大与 RCEP 国家交流合作的空间。

与广西、云南、海南等沿边省份相比，安徽省区位欠佳、交往生疏、针对性平台较少等问题带来的不足。例如，广西地处中国东盟自由贸易区的中心位置，是华南经济圈、西南经济圈和东盟经济圈的结合部，不仅沿海，而且沿江、沿边，背靠国内广阔腹地，又面向东盟十国市场，是中国唯一与东盟既有陆地接壤又有海上通道的省区，也是中国进入东盟最便捷的通道。此外，自党的十八大以来，中央赋予广西"三大定位"，体现了广西"一湾相挽十一国，良性互动东中西"的独特区位优势。随着中国—东盟博览会、中国—东盟商务与投资峰会等国际会议在广西南宁连续举办，广西与东盟之间的多领域合作交流更加密切，广西紧邻东盟国家的区位优势也不断凸显，影响力日渐扩大。特别是随着中国—东盟博览会、中国—东盟商务与投资峰会等国际会议在广西南宁连续举办，广西与东盟之间的多领域合作交流更加密切，广西紧邻东盟国家的区位优势也不断凸显，影响力日渐扩大。

与广西相似，云南紧紧围绕战略定位，主动融入国家"一带一路"倡议，立足"沿边"区位优势，在云南自由贸易试验区自成立后，推出一系列先行先试的政策和制度，促进了中国与东盟国家的贸易投资便利化。在跨境金融、跨境电商、跨境产能、跨境园区、跨境物流等多方面的跨境合作取得新成效，提高了各国间经贸合作的水平，为中国与东盟区域发展注入源源动力。2019年云南省与东盟十国贸易总额 165.76 亿美元，同比增长 20.2%，占全省对外贸易的 49.2%；出口 85.14 亿美元，同比增长 20.5%，进口 80.62 亿美元，同比增长 20%。2020 年 1—6 月，云南省与东盟国家贸易总额完成 67.6 亿美元，占全省外贸的 50.39%。其中，出口完成 34.3 亿美元，占全省外贸的 25.6%；进口完成 33.3 亿美元，占全省外贸的 24.8%。

而海南岛全岛面积 3.39 万平方千米，是中国香港、新加坡自贸港的 32 倍和 49 倍，是全球面积最大的自由贸易港。作为相对独立的地理单元，海南是华南经济圈、北部湾经济圈、东南亚经济圈和东盟经济圈的交汇中心，同时又是连接中国与东南亚的重要航运枢纽，海南处于 RCEP 的枢纽位置。向北，通过海陆空与内地紧密连为一体；向东、向南，与东亚日韩两国、东盟 10 国、澳大利亚和新西兰，通过航空与海运便捷地连接。作为中国的南部门户，东亚、东南亚各国都在海南 4 小时飞行圈内，澳洲也在海南 8 小时飞行圈内。与全国其他省份相比，海南有最具世界竞争力的"零关税、低税率、简税制"政策。对比世界上其他自由贸易港，在企业所得税方面：新加坡为17%；香港对200万港币利润以上的企业适用16.5%税率；伦敦自贸区税率为19%；纽约自贸区税率为21%；而海南自由贸易港的税率只有15%。海南有全国甚至全世界上最开放的贸易投资政策，雄踞RCEP区域乃至全世界的开放高点。贸易自由便利方面，海南有全岛封关运作的海关监管特殊区域等。另外海南还可以通过利用博鳌亚洲论坛年会、"中国—东盟省市长"对话会、21世纪海上丝绸之路岛屿经济论坛、南海合作论坛等平台，搭建中国和东盟国家之间地方政府对话合作的平台，助力中国—东盟命运共同体建设，为推动中国和东盟各国地方政府层面的对话交流发挥了不可替代的重要作用，填补了中国—东盟地方政府交流机制的空白，极大地丰富了中国—东盟地方政府和民间交流与合作的内涵和外延。

总体来看，当前发展安徽省与RCEP相关国家合作的优势多于不足、机遇大于挑战，但未来一段时期随着中国高质量发展理念的落实与构建以国内大循环为主体、国内国际双循环相互促进的新发展格局的深入发展，RCEP国家产业结构加快调整、区域创新资源境内外加速流动、跨国资本加快转移的新形势，需要安徽省积极发挥优势、规避不足，抓住机遇、迎接挑战，进一步发展开放型经济，不断提升与RCEP相关国家合作的质量和水平，更好地发挥RCEP在安徽省经济转型、创新发展与社会进步中的重要推动作用。

四 安徽省加强与RCEP国家地方政府合作的对策建议

当今世界正经历百年未有之大变局，"十四五"将是国际政治经济格局深度调整的重要时期，也是安徽省坚持改革开放、坚持高质量发展，在构建以国内大循环为主体、国内国际双循环相互促进的新发展格局中实现更大作为，在加快建设美好安徽上取得新的更大进展的关键时期。RCEP国家历来是安徽省对外开放的重点区域之一。为发挥安徽省与RCEP国家交流合作的优势和弥补相互合作的不足，在RCEP框架下，充分利用自贸协定各成员国之间的货物、服务、投资等领域市场准入放宽契机，进一步拓展安徽省与RCEP国家地方政府合作路径和平台建设，推动安徽省全面融入RCEP。基于此，本文从政府规制理论出发，提出安徽省政府相关职能部门可以从以下角度出发，增强安徽省在RCEP中的融入度，实现"省—区"合作共赢。

（一）成立"安徽省参与 RCEP 联席会议"，构建安徽省与 RCEP 国家驻沪领事机构常设性对话机制

建议成立"安徽省参与 RCEP 联席会议"，由负责商务、外事、数据资源管理方面工作，分管商务厅、外办、数据资源局、贸促会的章曦副省长主持召集，安徽省商务厅、省外办、省发改委、省农委、省科技厅、省财政厅、合肥市政府、芜湖市政府、蚌埠市政府等多部门多地方共同组成。

"安徽省参与 RCEP 联席会议"负责指导"中国·合肥首届 RCEP 国家地方政府合作论坛"筹备工作、讨论和制定安徽省参与 RCEP 规划设计、主持与开展安徽省与 RCEP 国家交流合作、研究与完善安徽省参与 RCEP 服务体系建设等，同时确立"安徽省参与 RCEP 联席会议"为 RCEP 国家驻沪领事机构常设性对话机构，构建安徽省与 RCEP 国家驻沪领事机构长效对话机制。

（二）发展安徽省与 RCEP 国家地方友城关系

截至 2020 年年底，RCEP 国家地方与安徽省结成友城关系的日本 10 个、韩国 7 个、澳大利亚 4 个、东盟 4，其中安徽省地级市中，阜阳、淮南、滁州、六安、铜陵 5 个地级市没有 RCEP 国家友好城市。在 RCEP 国家中，安徽与东盟国家在资源禀赋、产业发展上互补性强、合作前景广阔，相比较而言，安徽省与东盟国家地方的友城数量较少，不利于安徽省进一步拓展与东盟国家之间经贸投资与人文交流。利用"中国·合肥首届 RCEP 国家地方政府合作论坛"（建议举办）、世界徽商大会、世界制造业大会等东道主优势，大力发展安徽与东盟国家友城关系，努力在智慧城市建设、制造业、现代农业、服务业等领域争取达成合作框架协议，完善安徽与东盟国家地方政府间多层次、多渠道沟通与协商机制，努力实现 RCEP 国家友好城市安徽 16 个地市全覆盖。

（三）推动安徽自贸区与 RCEP 国家"特殊经济区"交流合作

"特殊经济区"在中国主要指自贸区、省级以上开发区等，在日本主要是指包括"国家战略特区""保税区"在内的"结构改革特别区域"，在东盟国家，主要指"外国合资特殊经济区""边境和跨境特殊经济区"。目前，中国自贸区数量增至 21 个，安徽除了自贸区合肥片区、芜湖片区、蚌埠片区外，还拥有数十家省级以上开发区。在 RCEP 框架下，建议利用"中国·合肥首届 RCEP 国家地方政府合作论坛"（建议举办）、世界徽商大会、世界制造业大会等东道主优势，推动如安徽自贸区合肥片区（打造具有全球影响力的综合性国家科学中心和产业创新中心引领区）与日本国家战略特区"东京圈"（国际化商务及创新产业基地）、蚌埠片区（打造世界级硅基和生物基制造业中心、皖北地区科技创新和开放发展引领区）与日本国家战略特区"关西圈"（医疗产业及创新型人才培育基地）等"特殊经济区"相互之间的交流合作。

（四）搭建皖企走进 RCEP 国家的投资平台与银企对接平台

在 RCEP 国家中（如东盟国家），"外国合资特殊经济区"一般有外商与当地公司合资开发、东道国政府与外商合作开发、外国政府与东道国政府合作开发三种类型。建议利用"中国·合肥首届 RCEP 国家地方政府合作论坛"（建议举办）安徽省市与 RCEP 国家地方结成友城关系、安徽自贸区与 RCEP 国家"特殊经济区"交流合作等议程，向 RCEP 相关国家申请筹建皖企"境外经贸合作区"，实施皖企"抱团"投资 RCEP 国家战略，即以筹建皖企"境外经贸合作区"为载体、以重点企业为龙头，带动安徽省上下游产业链相关企业集群式走出去，为安徽省企业尤其是中小企业走出去，起到"平台支撑、龙头引领、规避风险"的作用。

为此，鼓励安徽骨干工业企业投资 RCEP 国家，支持江淮、奇瑞、海螺、皖能、华菱等骨干皖企，在汽车及零部件、装备制造、建工建材、纺织服装、新能源等领域拓展 RCEP 国家市场；充分发挥安徽省在农业技术、农机设备、农业基础设施建设等方面的优势，支持以安徽丰原、安徽安粮、安徽农垦、现代牧业等农业产业化企业为龙头，推动安徽农业种植、农牧经营、食品加工等多家配套企业联合投资 RCEP 国家；推动皖企工程项目融资创新，鼓励安徽外经、水安建设、合肥水泥设计研究院等单位，参与 RCEP 国家重大基础设施建设，并结合所在国实际，探索实行特许经营、BOT、项目融资等方式开展国际工程承包。

同时为解决皖企投资 RCEP 国家融资难、融资贵问题，积极谋划搭建皖企投资 RCEP 银企对接平台。通过邀请国家开发银行、中国进出口银行、亚洲基础设施投资银行、中国海外农业投资开发基金、丝路基金、中非发展基金等金融机构和安徽省内外皖企，采取"政府搭台，市场主体（皖企和金融机构）同台唱戏"的方式，搭建企业与金融机构对接平台，探索建立皖企参与 RCEP 互助基金。

（五）设立 RCEP 研究机构，建立 RCEP 专家库，整合 RCEP 研究智力资源

安徽大学国别和区域研究院是安徽省人民政府外事办公室、上海国际问题研究院和安徽大学三家合作共建的安徽省首家致力于国际问题研究的新型特色智库。建议通过安徽大学国别和区域研究院"RCEP 研究中心"（筹建中，集学术研究、人才培养、政策咨询、国际交流于一体的"RCEP 研究中心"），举办 RCEP 学术研讨会或利用"中国·合肥首届 RCEP 国家地方政府合作论坛"（建议举办）、世界徽商大会、世界制造业大会等东道主优势，邀请中国驻 RCEP 国家使领馆在职或退休人员、中企在 RCEP 国家成立的各类商会或联盟组织负责人、国家开发银行与进出口银行等政策性银行 RCEP 国家业务负责人、全国及安徽省高校与科研院所 RCEP 研究专家等参加论坛，通过他们提供的个人信息资料，建立 RCEP 专家库，整合 RCEP 研究智力资源，同时，充分利用专家库在 RCEP 国家已形成的人脉资源和网络，推动安徽省与 RCEP 国家地方政府交流合作，增强皖企与 RCEP 国家有关机构和市场主体的谈判能力与实力。

（六）加强向涉外皖企进行 RCEP 宣传与培训

从政策上讲，RCEP 生效后，安徽省涉外企业在符合原产地规则前提下，都将享受 RCEP 国家关税减让或免除的优惠，进口企业可以充分利用 RCEP 政策，在进口中享受优惠税率，获得进口关税减让或免除，从而降低产品成本，提高价格竞争力，扩大企业利润空间；出口企业，也可以通过利用 RCEP 政策，使进口商在进口环节获得关税减让或免除，降低其进口成本，扩大利润空间，从而促进安徽省出口企业与贸易伙伴的长期合作，提高安徽省出口产品在 RCEP 国家市场的竞争力，保持并扩大市场份额。但根据以往皖企利用自贸协定历史来看，皖企对自贸协定的利用率普遍偏低。究其原因，既有部分皖企，尤其是中小企业对使用自贸协定重视程度不够的主观问题，也有许多自贸协定的内容和法条复杂晦涩难懂和自贸协定原产地规则复杂及获取原产地证书增加额外成本等客观因素。

建议安徽省贸促会、安徽省国际商会等机构面向涉外皖企开展 RCEP 政策宣介和实务指导，一方面，充分利用中国贸促会"一网"（中国贸促会 FTA 服务网）、"一库"（FTA 大数据库）、"一号"（贸促会 FTA 微信公众号）和"两平台"（FTA 查询平台、咨询平台）的服务体系，对涉外皖企进行 RCEP 政策宣介，提供有关 RCEP 的信息动态、政策解读、优惠原产地规则、税率查询等服务。另一方面，邀请中国贸促会（中国国际商会）培训中心与商事认证中心专家、高校国际贸易和法律问题专家等，围绕 RCEP 文本主要内容与政策特点、投资服务领域优惠政策、原产地规则应用及优惠原产地证书申领实务、知识产权和电子商务主题内容、安徽省优势传统产业和高新产业受益情况及应用 RCEP 政策开展生产贸易投资模式分析、国内外最新实务案例等专题内容，面向涉外皖企进行精准培训和业务指导。安徽省贸促会、安徽省国际商会等机构通过开展 RCEP 政策宣介和实务指导，向涉外皖企提供专业、精准服务,助力安徽更好融入自贸区供应链产业链价值链,实现高质量发展。

参考文献

张娟等:《从 RCEP、自贸试验区到 CPTPP:我国服务贸易开放升级路径与建议》,《国际贸易》2021 年第 8 期。

陶涛、朱子阳:《RCEP、区域生产网络重构与双循环新发展格局构建》,《新视野》2021 年第 5 期。

刘洪愧:《长三角参与"一带一路"建设的实践和建议》,《经济体制改革》2021 年第 5 期。

韩剑、郑航:《RCEP 视角下自由贸易区战略的贸易效应——基于长三角地区的实证分析》,《苏州大学学报》(哲学社会科学版)2021 年第 3 期。

数字治理运作框架与监管抓手研究：以市场监管为例

夏梦雪[*]

摘　要　数字化发展正在不断创新社会经济发展形态。为应对持续变化的市场经济新业态，中国数字政府监管和治理模式应保持高度灵敏，深度开展多维度的理论和应用研究。要研究清楚数字政府的创新治理模式，就需要从系统整体到结构细部逐层解析数字政府的建设逻辑。本文提出数字政府治理的监管触点，以细化功能图景建设；同时，通过构建监管触点系统，以推动数字政府协同共治发展。进一步地，本文将监管触点理论应用于对市场监管，构建了市场监管触点系统，为中国数字政府系统化建设提供一定的理论依据。

关键词　数字政府；监管触点；市场监管；协同共治

一　问题的提出

随着产业政策的推动和国际市场的持续发展，中国已经处于国际数字产业的领先地位。据中国国家互联网信息办公室 2017 年报告，[①] 中国数字经济增长达 27.2 万亿元，同比增长 20.3%，占 GDP 的 32.9%。这意味着中国已然成为世界第二大数字经济体。随着移动支付在中国的迅速扩展，每年总交易额超美国 10 倍以上。作为领先数字经济体的中国，正积极推进适宜的"全球治理机制"，[②] 有责任加强对数字化建设的引导性作用。

---

[*] 夏梦雪，四川文化艺术学院讲师。
[①] 国家互联网信息办公室，Http：//www.cac.gov.cn/2018-04/23/c_1122728917.htm，2017。
[②] 《中国日报》（*China Daily*），Http：//www.chinadaily.com.cn/a/201811/03/WS5bdcfc69a310eff30328653b.html。

党的十九届四中全会首次在中央文件层面正式提及"数字政府"概念：建立健全运用互联网、大数据、人工智能等技术手段进行行政管理的制度规则。除了数字技术的应用，逐步开放数据共享，依法保护个人隐私和信息安全，也是中国数字政府建设的主要内容。目前，已先后于浙江省、广东省等信息基建较好的地区发布了"政府数字化转型"或"数字政府"等总体建设规划，引起多方高度重视。

在数字政府治理和监管方面，习近平总书记指出："坚持以马克思主义为指导，是当代中国哲学社会科学区别于其他哲学社会科学的根本标志，必须旗帜鲜明加以坚持。"① 根据国家互联网信息办公室发布的《数字政府建设的几个原则》，数字政府建设的关键不在"数字"，而在于"治"，"回归政府治理本位才能抓住对数字政府的基点理解"。② 王俊豪（2021）提出首先要明确"以人民为中心"这一根本性、原则性导向，构建与现阶段相适应的"中国特色政府监管理论体系"，建立具有"中国特色、中国印记"的政府监管基本概念。

在市场监管方面，数字经济下新业态对传统监管已带来诸多挑战。例如，在 3D 打印产品的质量监管中，如何保证 3D 打印产品在使用过程中的质量安全是个问题。如果缺乏科学有效的市场监管机制，创新产业将可能打破传统垄断，并造成新垄断等不正当竞争，最终损害消费者权益。然而，如果市场监管机制过于保守，又将不利于创新产业的快速孵化。如何根据谦抑原则、包容审慎原则、可持续发展理念实现数字化市场监管，是数字经济产业能否站稳市场的关键。

据此，本文在学者对数字政府广泛研究的基础上，以数字政府创新治理模式为主要研究内容，以中国市场监管为应用案例，深入探讨中国数字政府的建设模式和治理抓手。

二 文献综述

中国数字政府的研究，从自动化办公政府系统、传统网站型电子政务，直至当今的数字政府，正在逐步形成基于大数据、人工智能、云技术等新兴

---

① 习近平：《在哲学社会科学工作座谈会上的讲话》，人民出版社 2016 年版。
② 国家互联网信息办公室，http://www.cac.gov.cn/2019-06/03/c_1124575880.htm?tdsourcetag=s_pcqq_aiomsg，2019。

数字科技为支撑的智能体系。中国学者认为，信息技术已经不能单纯地视作简单的应用工具（鲍静和贾开，2019），技术应用层面的不断革新使数字政府建设更体现出政府治理体系及其治理能力的系统性变革（鲍静等，2020）。

数据是实现数字政府变革的关键。无论是治理数据，还是基于数据进行治理，政府的数据治理都应当回归治理本身，并重塑政府治理模式来应对转型挑战、提高治理效率（黄璜，2015；2018）。数据治理的一大方向与数据开放相关，例如"数据安全与隐私、舆情监管和网络犯罪"都是近期中国数字政府建设的重要研究内容（贾开，2017）。鲍静等（2020）探讨了关于"治理主体、治理对象、治理技术、治理范畴、治理理念"五个维度的定义和关系，并构建了"数字政府治理形态的层次框架"，这有利于梳理中国数字政府理论系统以引导实践推动数字化变革。

国外关于数字政府的研究，较多地围绕着"公共价值"展开。摩尔（Moore，1995）最早提出了"公共价值"，但在初始研究中并没有直接将公共价值理论关联到数字政府，而研究了在公共管理中数字技术推动变革的基础性作用。公共价值理论被学者广泛接受，尤其在重新审视公共管理者的作用和意义方面，以及如何从"价值导向"角度评估数字政府的效率，为数字政府进一步改革提供了丰富研究背景（Cordella and Bonina，2012；Pang et al.，2014；Rose et al.，2015）。较多国外学者认为"公共价值"在分析理论框架和评估公共服务，以及技术应用对服务模式变革等方面，起着关键性作用（Karunasena and Deng，2012；Karkin and Janssen，2013）。

除了创造公共价值，数字技术应用还具备高效廉政作用（Moon and Bretschneider，2002；Nam，2018），能激励公众参与和共创公共价值（Panagiotopoulos et al.，2019），以推动数字化国家治理的实现。"政府即平台"的GaaP模式，是数字政府的新兴发展形态，依靠持续优化管理来不断提高效率以及公共服务质量（Cordella and Bonina，2012；Cordella and Paletti，2018）。在实践运用中，Scott等（2016）对数字化改革服务的成效进行了评估，并将量化分析的数据关联到政府官方网站的运作特点，以优化国家法律法规的优先次序。

在技术应用的评价方面，数字技术的应用能更好地提供公民服务，并在现有资源允许的情况下积极权衡社会公共服务的利弊，尽可能实现公共服务价值（Cordella et al.，2017）。然而，公共服务创造的价值并不一定能根据结果明确地进行判断。一方面，随着新的大数据和数据分析技术的发展应用，公共价值通常是依据公众的价值感知来定义和评估（McAfee and Brynjolfsson，

2012；Günther et al., 2017），而感知价值和实际价值之间存在一定误差。另一方面，虽然新兴数字技术的应用在优化服务设计，建立标准化或提高组织效率方面有明显优势，但目前这些新应用的整体效果却难以评估（Panagiotopoulos et al., 2019）。

除了数字技术应用研究以外，目前数字政府的研究重点还聚焦在服务效率、信息可达性、功能易用性、数据透明度、管理问责制度及私隐安全等方面（Panagiotopoulos et al., 2019）。

三 建设监管触点

（一）触点的概念

"服务触点""服务体验"的概念源于服务设计。国内外学者对"服务接触"都发表了各自的见解，主要从服务产品模型（Pierre et al., 1977）、服务二元交互理论（Michael et al., 1985）、服务接触系统模型（Gronroos, 1990）、雇员接触点（毕小青和郑志强，2008）等方面。随着中国政府"放、管、服"的深化改革，服务型政府体现出中国先进的政府建设思想。因此，将服务设计的相关理论和方法应用于数字政府建设具有较高的可行性，并有利于数字政府推动社会价值的共创共享。

参考服务设计方法中的服务触点，本文认为数字政府监管体系应涵盖实际应用中的诸多"监管触点"或称"监管节点"。例如，以二维码模式在主要人流聚集场所采集人群数据，即为一种时空概念的触点监管。"触点"的判定对于研究清楚系统的逻辑有一定指导作用。因此，数字政府的监管触点，可成为政府监管的有效"监管抓手"，提高监管效能。

（二）数字政府的监管触点

1. 监管触点与治理蓝图

基于"触点"理论，监管触点应是政府、市场主体、社会组织和民众进行信息交互，并参与价值创造的时空场所。通过监管触点的以点带面，完成功能图景的核心建设，并作为治理蓝图的重要组成部分。其中，应用于数字虚拟场景即为线上监管触点，应用于物理现实场景即为线下监管触点。例如，平台即服务系统（PaaS）作为线上监管的重要虚拟场所之一，终端用户将在系统界面完成信息交互。信息交互的节点即可作为一个监管触点，并将交互数据上传至系统数据库，完成信息数据监管。

如图1所示，连续性的"监管触点"构成了数字政府治理的监管功能图景。其中，数字政府的治理和监管工作包括建设基本设施、完善法律法规、应用公开透明又安全可靠的高新技术、实时响应，以及适应性反馈调整等，最终实现数字政府的"治理蓝图"。

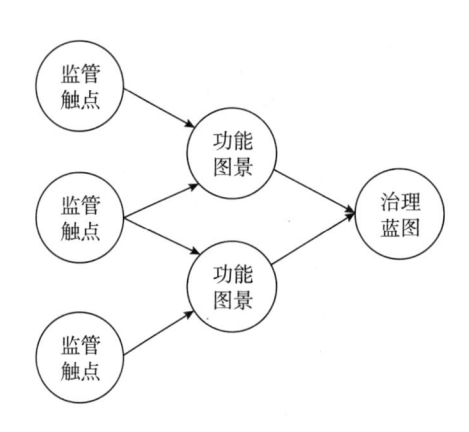

图1 数字政府监管触点与治理蓝图

2. 监管触点与公共价值

现今，"数字政府"的建设比以往任何时候都应当满足经济社会对价值共创的高度期望，国家改革发展应当接受数字推动下环境复杂化和系统一体化的挑战。数字政府的治理对象逐渐覆盖了物理环境和数字环境中的人与物。在数字与绿色两手抓的经济社会建设中，数字政府不仅要发挥统筹规划、监督管理的核心职能，也应当重视与经济社会环境相关的公共价值，体现出中国社会主义"人民公共价值"的核心思想。

监管触点作为政府数字化监管的最小单元，既是监管的着力点，也是政府职责的集中体现。监管触点的目标定位和功能实现对公共价值的创造有直接影响，需要政府部门的协调作用促进多方协同共治发展。依据《数字政府建设的几个原则》，① 数字政府改革应"符合现实需求，共创共享价值"，丰富数字实践的"多维面向和功能图景"。政府应积极建立多方协同共治的生态系统，丰富功能图景，协调多方需求与政府治理目标，使政府与公民、企业、社会组织之间的多方协作成为可能，从而借力群体性创造力、广泛的知识技能来应对国家所面对的挑战，实现公共价值的共创共享。

---

① 《数字政府建设的几个原则》，国家互联网信息办公室，http://www.cac.gov.cn/2019-06/03/c_1124575880.htm? tdsourcetag=s_pcqq_aiomsg，2019。

（三）数字政府监管触点系统

本文认为构建数字政府的治理体系，应当一方面着眼于系统细部设计，即监管触点的需求满足、功能实现和风险防范；另一方面从整体视角统筹规划，构建多方协同共治模式的数字化治理系统。通过细节层面和系统层面的双向建设，完成普适性的数字化建设应用模板，以进一步结合实际的功能需求和监管目标，有针对性、适应性地落实数字政府建设。

1. 治理载体的变革——政府平台化

20世纪互联网的大范围普及同时也革新了政府治理体系的建设。中国政府也顺应数字化改革的发展，并积极采用系统化、精细化的数字治理工具，持续推进"放管服"深化改革。而除了技术层面的应用革新，数字政府更是体现出政府治理体系和治理能力的系统性变革（鲍静等，2020）。

政府平台化（GaaP）是监管触点系统的数字化载体——在物质现实世界和数字虚拟世界之间，搭建起物质与数字沟通的桥梁，是政府治理系统性变革的体现。平台化的政府系统包含诸多监管触点，诠释着数字政府的特定监管职能和监管目标。

本文认为"数据开放""系统链路"是数字政府系统建设的两大核心问题。数据开放涉及信息公开、数据资源利用、数据安全等。信息公开能最有效地实现法治政府，并促进政府监管部门提高监管绩效（王俊豪，2021）。系统链路的建设需要政府主导建设大数据平台、信息共享交换平台、公共服务平台等，以数据平台整合各个主体、各个层级的前端接口，以一体化系统运作最终实现数据的共治共享。

2. 数据的使用与创造——用户驱动

本文以用户驱动（User-driven）作为监管触点系统的自发性数据动能。基于多方协同共治原则，政府、市场主体、社会组织和公众既是数字的使用者，也是数据的创造者，即数字治理包含了协同共治实体，以及各方不断更新的数据系统。数据系统依赖于数字技术完成数据的有效流通，而传统的内部输入型数据生成模式已经不足以驱动当今数据系统的运行。根据经济合作与发展组织（OECD，2018）对"用户驱动"的解释，意为以用户为中心，满足用户需求和公民期望，并提供一个有利于信息交换的平台（如政府平台化GaaP系统）帮助多个利益团体进行信息沟通和使用。本文认为用户驱动即为"自下而上"的数据创造路径，包含有效的线上虚拟互动和线下实体交互，再将所有交互信息数字化整合以构建成长型数据库。信息将在数据处理过程中，完成持续创造和循环使用，支持数字政府实施科学有效的决策（如循证决策，Evidence-based Policy Making）。

3. 数据的循环与治理——数据生命周期

除了多方协同共治的实际参与者，"数据"本身也是治理对象，涵盖数据标准、安全性、透明化等相关问题。正如习近平主席在第二届世界互联网大会上提出的"网络空间不是法外之地"。要确保数据在制度框架下有序开放与安全流动，政府应完善规制数据安全的治理体系，例如数据开放的依法监管体系和系统性风险监管体系等。

本文认为在应对监管对象为物质世界和数字世界的"双重身份"，数据治理应当始终坚持"以人民为中心""包容审慎"的治理思想，以数据风险监管对数据生命周期进行系统性科学治理。数据生命周期的相关研究较为广泛，本文采用 TTI 研究院（Texas A & M Transportation Institute，2018）对数据生命周期的解释，包含数据的收集、处理、存储和安全、使用、共享交换和再循环等多个阶段，经解读后构建如图 2 所示的数据生命周期，并以此作为数字政府监管触点系统的数据运作逻辑。数据开放端口往往设置在数据共享与交互阶段，并由政府管理部门负责整个数据周期的监管和维护。

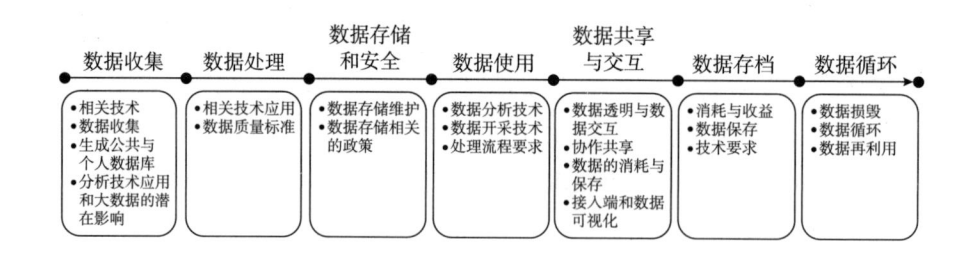

图 2 数据生命周期图解

四 市场监管触点系统

根据 2015 年 8 月发布的《国务院办公厅关于推广随机抽查规范事中事后监管的通知》，中国对于常规性市场监管领域，全面实施"双随机、一公开"监管、"互联网+监管""信用监管"相结合的方式。在党的十九届五中全会通过的"十四五"规划中，指明对新技术、新产业等，实行"包容审慎"监管方式。由此可见，中国市场监管环境和监管对象均在高速动态发展，对政府市场监管的适应性提出了更高要求。要创新数字政府市场监管模式，就要厘清市场监管现况，并通过治理建设目标引导监管模式，形成反向作用机制来创新数字政府建设。

在数字政府监管触点系统理论的研究基础上，本文以市场监管体系为应用实践，明确以下监管环境和存在问题，逐步构建数字化监管系统框架，完成监管触点的功能描述。

（一）市场监管存在的问题

以产品市场监管为例，中国采取以下市场监管方法。事前监管依据生产许可（质检机构）和认证机制，事中监管依据"双随机、一公开"原则，而事后监管主要依靠消费者权益保护。中国市场监管的主要法律法规包括《中华人民共和国产品质量法》《中华人民共和国标准化法》《产品质量监督抽查管理办法》《中华人民共和国消费者权益保护法》。除了产品质量监管以外，党的十八届三中全会将"环境保护"首次作为独立的政府职能，环境监管的高度重视也体现了公共价值的重要性。此外，中国卫生健康监管、职业安全、产品安全监管等领域也在呈现不断加强的态势。

政府市场监管部门除了运用传统监管方式，正逐步运用大数据、云计算等新技术推动监管方式创新，积极探索"远程监管、移动监管"等非现场监管方式，提升市场监管的精准化、智能化水平。综观全球，一个非常明显的趋势是国际市场监管机制正在从"强调事前监管"转向"强调事中、事后监管"，主要源于：

（1）市场门槛过高。企业产品尤其是新兴产品，由于认证认可的前期成本过高，无形间提高了进入市场的门槛。对于小企业而言，更是无力承担。

（2）市场进入速度过慢。当制造商着力推动新产品快速进入市场流通，但事实是产品认证周期过长，导致产品进入市场的速度过慢。

因此，市场监管尤其在新兴产品方面，如何建设事前、事中、事后的一体化监管体系，与经济社会发展相适应，并与国际市场标准接轨，将是中国市场监管的核心建设问题。市场监管在双循环贸易挑战的当下，借力多方协同共治解决监管标准、贸易壁垒和贸易安全等问题将会是可行途径。

（二）市场监管的协同共治模式

根据2017年1月国务院印发的《"十三五"市场监管规划》指出："顺应现代治理趋势，努力构建企业自治、行业自律、社会监督、政府监管的社会共治新机制"，结合对数字政府公共价值共创和多方协同共治的思考，本文提出数字政府市场监管的多方协同共治模式（见图3），作为数字治理建设目标之一。相关公共治理部门需助力市场监管部门，共同促进市场监管体系的职能完善。

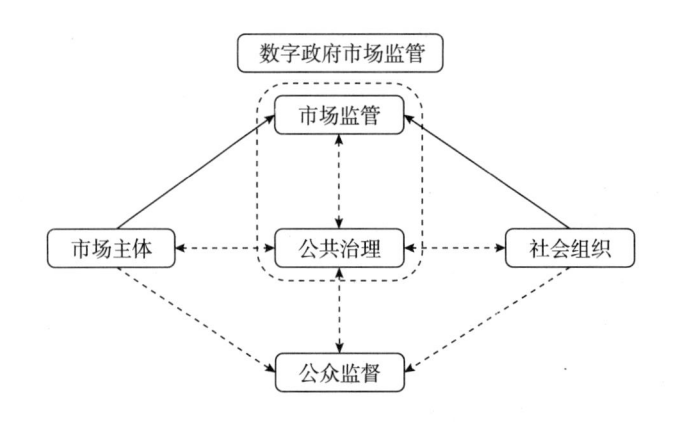

图 3　数字政府市场监管的多方共治模式

通过研究调查,本文将多方协同共治中所包含的利益相关方划分如下:

(1) 政府主体:国家级市场监管行政机构、制定技术法规的主管部门或国际机构、海关、司法机关、国家级认可机构、国家/地区/国际标准化机构。

(2) 市场主体:商业经营者,包括市场经济中各种经济体、政府企业、政企合资企业、私营企业等。

(3) 社会组织:一致性评估机构(认证机构),例如第三方检测机构;高校研发机构、社会非营利组织、工会组织、行业协会等,以及其他国际合作组织。

(4) 公众监督:消费者协会、社会媒体、公民个体。

市场发展的复杂性和公民期望的持续变化,使传统的市场监管体系难以持续满足经济社会发展的需求。在明确政府、市场主体、社会组织和公众的各方责权利基础上,通过市场监管部门和公共治理部门的协同共治是进一步完善政府市场监管的可行途径之一。据此,现代市场监管体系应融合市场监管和公共治理两大内容,共同由中央领导层统一领导指挥。公共管理部门应积极地创造公共价值,推动实行任务导向型的创新政策。通过部门职责功能的互补机制,将市场监管部门的"监管"职责和公共管理部门的"协调"职责相融合,共同完善数字政府市场监管体系。

(三) 应用于市场监管的监管触点系统

以市场监管为例,图 4 是基于政府平台化(GaaP)系统的数字治理框架。治理框架融合了协同共治的各个参与方、虚拟和现实的应用场景、监管触点、数据库以及数据运作等一体化建设内容。其中，建设数字政府的数据系统和监管触点，能帮助政府明确协同共治的各方需求以及政府自身职责和任务，明确数字政府治理体系的总体规划，以保证系统全面稳定的建设进程。

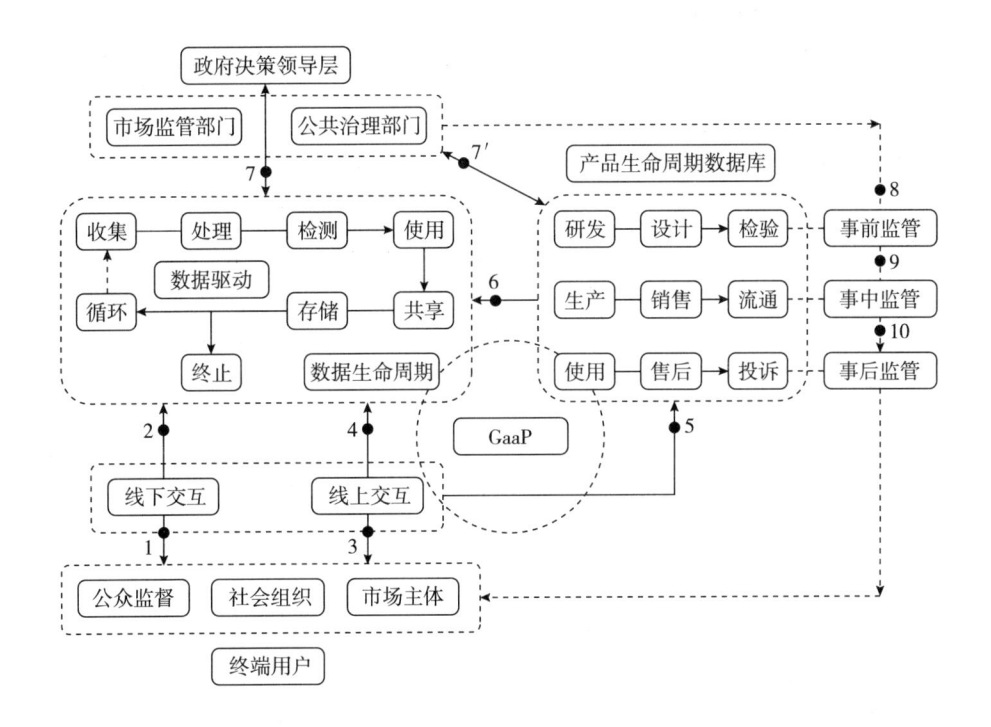

图 4　市场监管触点系统框架

1. 监管触点系统框架建设

市场监管的数字系统框架是以产品生命周期为基础来构建系统数据库，以数据生命周期完成数据运作和流通，由终端用户（市场主体、社会组织和公众）作为数据驱动的主体，并由政府决策领导层统一指挥的市场监管部门和公共治理部门协同完成整个数字系统"自下而上"的监管和治理。

本文将产品生命周期与中国市场监管体制相结合，将产品的研发、设计、检验作为事前监管，产品的生产、销售、流通作为事中监管，产品的使用、售后、投诉作为事后监管，并嵌入市场监管的数据生命周期。

在"自下而上"的数据系统，数据的创造和使用大部分由终端用户的市场主体、社会组织和公众来实现，经由产品生命周期数据库，进入数据生命周期处理和存储，再由系统链路完成政府监管部门的使用和修正，并公开分享给终端用户，以供数据进入下一轮循环再生。图 4 中右边虚线部分代表了政府部门的政策输出，政府监管部门根据数字政府系统的数据分析和风险评估作出科学决策或前瞻性预测，对产品市场监管的各个阶段进行有针对性的政策引导，以促进政府与经济社会的一体化发展。

2. 监管触点功能描述

图 4 中包含十个监管触点，是整个数字系统作为基础模板的基本监管触点。本文对十个监管触点做以下解析：

（1）监管触点 1：终端用户驱动的线下输入接口。触点功能包括线下政务的数据收集，与终端用户的实体交互，提供便捷高效的沟通渠道、环境整洁的沟通环境等。

（2）监管触点 2：实体政府"线下前端"数据接口。触点功能是对接系统完成数据收集和使用，即一方面将收集的数据上传数据库进行数据分类和处理；另一方面将公开发布的政务服务提供给终端用户。

（3）监管触点 3：终端用户驱动的线上输入接口。触点功能包括线上政务的数据收集，完成与终端数字用户的虚拟交互，提供便捷高效地沟通平台、清晰易辨识的操作界面等。

（4）监管触点 4：数字政府"线上前端"数据接口，触点功能同触点 2。

（5）监管触点 5：产品生命周期数据输入端。触点功能包括产品和市场数据采集和分析归类，并由终端用户前端和政府监管后端，共同驱动的成长型数据库。除了产品市场监管的功能场景，当应用于其他功能图景只需转换数据库即可完成系统切换。

（6）监管触点 6：系统数据库切换接口。触点功能是将数据库中存储的产品和市场数据导入数据生命周期系统，以便数据的分析模拟、循环使用、共享和存储。

（7）监管触点 7 和 7′：决策领导层的后端操作接口。触点具有主导型功能作用，可读取数据库资料、监管数据生命周期，或者修改、补充系统操作，以及数据资料的深度应用。

（8）监管触点 8/9/10：政府监管政策输出端。该部分的虚线路径代表政府层面基于数据计算分析，通过制定产业政策和相关法律法规，对产品市场进行事前、事中、事后监管，完成自下而上的数字监管体系。由于各个数据库体量往往较为庞大，可针对不同监管目的分别建设不同的数字政府平台，再以数据关联细化功能建设。

（四）基于监管触点的预警机制

除了建设监管触点系统，监管预警机制能让数字政府事半功倍。由于中国产品质量安全监管起步较晚，加之全产品种类、复杂的市场环境、各种产品质量影响因素等，目前中国产品质量安全风险预警机制仍不足以满足中国经济快速发展的需要（裴飞等，2019）。以中国新兴产品行业为例。目前，市场上3D打印产品日趋成熟，中国尚未构建完善的监管机制以应对新兴产品流入市场、通向国际的产品风险和监管风险。同时，中国市场经济的双循环急需应对国际相异的市场行业标准和愈加密闭的贸易壁垒问题。因此，建设预警性的市场监管机制将有效提高市场监管的敏捷性，极大地降低市场风险发生概率和风险等级。

依据上文提到的数字治理指导原则（数据开放原则和主动性能力原则），数字化市场监管可通过数据开放加强数据治理，同时参考国际市场监管的风险预警系统，建设基于中国国情的"中国特色市场预警监管系统"。为进一步建立健全中国的市场风险预警系统，可以参考国际相关预警体系，例如欧盟非食品类消费产品快速警报系统RAPEX（宋黎，2015）、欧盟食品和饲料快速预警系统RASFF（邵运川，2016）等。由此，以市场信息的公开透明、前瞻性市场监管模式，以及智能化风险预警机制，推动市场自治、行业自律和社会监督的协同共治。

五 研究结论和对策建议

（一）研究结论

本文表明坚持"以人民为中心"、持续深化"放管服"、了解数字治理的特性、找准数字监管的着力点、规划数字治理蓝图、差异化精准施策，将有利于建设精细、高效、一体化的数字政府治理系统。此外，多方协同共治模式和政府数字化监管系统的协同建设，也有利于中国数字政府与数字经济社会的一体化发展。本文对数字政府治理体系的创新研究，仍需进一步细化功能图景的建设，以适应中国复杂多样化的市场环境和社会发展需求。

（二）政策性建议

1. 重视政府治理能力建设，进一步完善政府监管职能

（1）政府的政策制定应根据经济社会需求，发展潜在新监管职能，并以公共价值视角创造经济社会发展的新机会。同时，厘清相关政府部门的监管目的和监管责任，这对构建数字政府的协同共治模式具有积极促进作用。

（2）数字政府应具备动态监管能力。这不同于按照流程进行的管理操作，而是前瞻性、适应性的管理机制。在不同的经济社会转型阶段，动态管理能

力将有助于顺利完成转型过渡，最终完成数字政府的建设。尤其是当公共管理部门在对急速变化的环境时，动态管理能力就变得愈加重要，需要对政府内部推行持续性管理学习机制，并保持实时更新的可能性。

2. 构建监管触点系统，丰富线上线下监管功能图景

（1）建议以监管触点作为中国数字政府监管的着力点，通过监管触点—功能图景—治理蓝图，完成数字政府系统性建设。监管触点能理清数字监管的各项功能和预期目标，并具体到监管技术和方案的选取，制定风险预警机制等。

（2）注重实体监管和数字监管应用场景的融合。数字政府建设应当在线上平台和线下交互同时设定不同监管目的的监管触点，完善各个监管触点的监管功能和监管方法，并注重监管系统数据库的持续成长和不断升级。

（3）强调数据风险和系统性风险管理。在数字化技术日新月异的当下，尤其要注意数据开放端口的数据安全和数据风险，注重低系统性风险的建设。为保证政府监管体系的低风险性，在事前、事中、事后均建议采取预警性监管方法。

3. 深化国际适用的市场监管机制，推动市场经济双循环发展

基于市场监管触点的应用，提出建设国际适用的市场监管体系的必要性。当国内市场监管具备国际适用的特性，将极大降低国际贸易门栏，推动市场经济双循环发展。市场监管机制的国际适用主要体现在以下三个强调：

（1）强调标准的通用性。国际适用的市场监管机制应能够将繁琐的监管流程优化为精益的监管流程，以适用于关键性国家的市场监管体系和国际贸易壁垒。

（2）强调产品检测的标准性。经过学者在产品标准化推广中得出的市场效果，产品检测标准化意义明显。标准中被认可的检测方法、极限值、产品分类等都有助于市场稳定和良性竞争，能补充完善国际适用的市场监管机制。

（3）强调标准化与市场监管相融合。考虑到制定产品技术标准的专家和市场监管的行政人员在当前合作的局限性，如何将这些技术标准进一步作为支撑市场监管机制落实的有效监管技术手段，仍将会是一个挑战。归根结底，市场监管条例与相关技术标准的融合仍需要多方协作，共同推进。

参考文献

鲍静、贾开：《数字治理体系和治理能力现代化研究：原则、框架与要素》，《政治学研究》2019年第3期。

鲍静等：《数字政府治理形态研究：概念辨析与层次分析》，《电子政务》2020 年第 11 期。

毕小青、郑志强：《雇员接触点管理研究》，《河北工业科技》2008 年第 4 期。

黄璜：《对"数据流动"的治理——论政府数据治理的理论嬗变与框架》，《南京社会科学》2018 年第 2 期。

黄璜：《"互联网+"、国家治理与公共政策》，《电子政务》2015 年第 7 期。

贾开：《数据治理的政策议题及其挑战》，《领导科学》2017 年第 7 期。

裴飞等：《浅谈国外消费品质量安全风险预警指标体系——以美国、欧盟、日本为例》，《海外前沿》2019 年第 5 期。

邵运川：《欧盟食品安全预警体系对我国食品安全的启示》，《食品工业》2016 年第 11 期。

宋黎：《欧盟非食品类消费品快速预警系统-RAPEX 信息通报和案例分析》，《标准科学》2015 年第 9 期。

王俊豪：《中国特色政府监管理论体系：需求分析、构建导向与整体框架》，《管理世界》2021 年第 2 期。

Cordella A., Bonina C. M., "A Public Value Perspective for ICT Enabled Public Sector Reforms: A Theoretical Reflection", *Government Information Quarterly*, 2012, 29 (4): 512–520.

Cordella A., et al., "Public Value and Co-Production: Reconfiguring Service Delivery", *Academy of Management Proceedings*, 2017 (1): 10577.

Cordella A., Paletti A., "ICTs and Value Creation in Public Sector: Manufacturing Logic vs Service Logic", *Information Polity*, 2018, 23 (2): 125–141.

Gronroos C., *Service Management and Marketing: Managing the Moments of Truth in Service Competition*, USA: Lexington Books, 1990.

Günther W. A., et al., "Debating Big Aata: A Literature Review on Realizing Value from Big Data", *The Journal of Strategic Information Systems*, 2017, 26 (3): 191–209.

Karkin N., Janssen M., "Evaluating Websites from a Public Value Perspective: A review of Turkish Local Government Websites", *International Journal of Information Management*, 2013, 34 (3): 351–363.

Karunasena K., Deng H., "Critical Factors for Evaluating the Public Value of E-government in Sri Lanka", *Government Information Quarterly*, 2012, 29 (1): 76-84.

Kristi M., et al., "Data Management Life Cycle. Texas A & M Transportation Institute", PRC 17-84 F March 2018.

McAfee A., Brynjolfsson E., "Big data: the Management Revolution", *Harvard Business Review*, 2012, 90 (10): 60-66, 68, 128.

Michael R., et al., "A Role Theory Perspective on Dyadic Interactions: The Service Encounter", *Journal of Marketing*, Vol. 49, No. 1 (Winter, 1985), pp. 99-111.

Moon M. J., Bretschneider S., "Does the Perception of Red Tape Constrain IT Innovativeness in Organizations? Unexpected Results From a Simultaneous Equation Model and Implications", *Journal of Public Administration Research and Theory*, 2002, 12 (2): 273-291.

Moore M. H., "Creating Public Value: Strategic Management in Government", Cambridge, Massachusetts, USA: Harvard University Press, 1995.

Nam T., "Examining the anti-corruption effect of e-government and the Moderating Effect of national Culture: A Cross-country Study", *Government Information Quarterly*, 2018, 35 (2): 273-282.

OECD., "Digital Government Review of Brazil: Towards the Digital Transformation of the Public Sector", The Digital Government Framework, 2018a.

Panagiotopoulos P., et al., "Public Value Creation in Digital Government", *Government Information Quarterly*, 2019, 36 (4): 101421.

Pang M. S., et al., "IT resources, Organizational Capabilities, and Value creation in Public-sector Organizations: a Public-value Management Perspective", *Journal of Information Technology*, 2014, 29 (3): 187-205.

Pierre E., et al., "Marketing Consumer Services: New Insights", Cambridge, Marketing Science Institute, 1977.

Rose J., et al., "Managing e-Government: Value Positions and Relationships", *Information Systems Journal*, 2015, 25 (5): 531-571.

Scott M., et al., "Measuring e-Government success: a Public Value Approach", *European Journal of Information Systems*, 2016, 25 (3): 187-208.

中国特色金融监管构建：
基于习近平有关金融工作重要论述的视角

海　娜　王靖瑜*

摘　要　党的十八大以来，习近平总书记高度重视金融工作，并将防范金融风险作为党和政府的重要工作。面对非法金融侵害人民群众的财富，金融腐败侵蚀国家金融资源，金融体制沉疴制约实体经济健康发展等一系列问题面前，总书记高度重视中国特色社会主义金融发展，并就防范和化解系统性金融风险提出"一篮子"指示。基于总书记有关金融工作的重要论述，本文提出构建具有中国特色社会主义的金融监管模式。具体包括：一是加强党对金融工作的集中统一领导；二是金融监管引导金融服务实体经济；三是金融监管与金融深化应同步并举；四是金融监管应深植国情并借鉴国际最佳案例。以上多策并举，帮助中国构建一套具有中国特色社会主义的金融监管模式，并引导金融更好地服务中国特色社会主义经济发展。

关键词　习近平总书记；中国特色社会主义；金融监管；工作论述

一　关于金融监管的理论叙要

（一）关于金融监管的必要性分析

1. 防范金融风险需要金融监管

随着金融的不断发展，系统性风险也不断发生变化，需要进行有效及时的金融监管，避免金融系统发生系统性风险。系统性金融风险的直接后果是金融危机频发，危害一国金融稳定，甚至政治稳定。2008年国际金融危机以

---

* 海娜，河南牧业经济学院讲师；王靖瑜，中国农业大学经济管理学院硕士研究生。

来，金融监管引起了各国的重视，纷纷探索能有效防范风险的、适合本国国情的金融监管模式；2015年，中国股市异常波动，导致股市市值从76万亿元下降到50万亿元，使中国资本市场遭到重创。近年来发生的金融事件也反映出中国金融市场的不完善，风险化解能力有所缺乏，因此需要加强金融监管。随着金融市场的快速发展，中国的金融风险也发生了变化。张晓朴（2010）对系统性风险的理论和实践进行了框架研究，认为系统性风险的概念可以用来加深对金融危机的理解，使其演变为监管对象，金融监管是一个试错过程。曹凤岐（2018）指出，金融风险已经从传统的银行信用风险转变为现代的市场交易风险，这是市场向现代金融规模化、综合化经营和网络化经营转变所带来的风险迅速膨胀的结果。因此，我们应该重视金融监管，特别是资本市场的监管。左晓慧和刘思远（2021）通过实证分析得出结论，金融监管对防范系统性金融风险具有显著的门槛效应，为有效应对系统性金融风险，应当合理加强监管。

2. 资本市场的稳定发展需要金融监管

资本市场的稳定发展需要进行金融监管。李绍芳和刘晓星（2018）实证分析研究结果表明，在金融系统的组成部分中，银行和保险机构最有可能引发系统性风险，并且最容易导致金融体系非正常波动，引发系统性风险。小型金融机构也可能成为导致系统性金融风险的重要诱因，因为它们与其他金融机构关系密切。随着技术的进步，互联网金融、金融科技等给金融市场带来了更大的不确定性。何宏庆（2021）通过分析区块链发展的利与弊，他指出加强金融监管可以抑制其风险，将区块链与数字金融充分有效地融合，从而更好地促进数字金融的高质量发展。胡滨和任喜萍（2021）分析了金融科技引发的潜在风险和产生的新问题，如进入金融市场门槛低、技术复杂性为操作附加更大风险、技术泡沫以及系统性金融风险更频繁的发生等现象，以及出现的对消费者权益受损、隐私和数据权利等问题，提出了要重视金融监管、加强金融监管与金融科技发展的统筹协调。

3. 防止金融腐败需要金融监管

金融腐败的存在腐蚀国家的金融资源，降低金融运行效率，需要进行金融监管。谢顺利和乔海曙（2007）分析了金融腐败的新特点和产生金融腐败的体制隐患，提出要加强监督、完善外部金融监管机制。安启雷（2009）分析了金融腐败的基本特点和原因，提出要加大对金融运行的监督力度。李旭章（2019）结合近年来随着金融业快速发展愈加隐蔽的金融腐败形势，提出要健全监督体系。高惺惟和韩保江（2021）分析了金融腐败的本质及其背后的经济学原理,指出金融腐败冲击金融市场、威胁国家金融安全、降低资源配置效率、损害金融监管的有效性、具有传染性,最后引发系统性金融风险,指出完善金融监管机制是防范金融腐败的根本途径并提出完善监管的具体措施。杜治洲(2021)指出金融腐败随金融创新发展而更加具有隐蔽性、技术性、跨行业化,后果愈加严重,提出要建立金融综合监管机制。

(二)金融监管的几种模式

综观世界各国的金融监管模式,主要包括分业监管、功能监管、统一监管、双峰监管模式等。

1. 分业监管模式

对金融机构按照类型进行划分并且由各自相应的监管机构进行监管,形成了分业监管模式。邹玲等(2004)认为,分业监管实现了分权制衡的优势,促进了监管主体的竞争,明确了监管目标,适合当时中国的金融状况,但应采取有效措施完善监督体系。袁春振等(2007)认为,分业监管实现了分权制衡的优势,促进了监管主体的竞争,明确了监管目标,适合当时中国的金融状况,但应采取有效措施完善监督体系。郭春松(2007)认为有必要在分业基础上引进协调机制并尝试开展功能性监管。

2. 功能监管模式

功能监管模式是根据不同类型的金融业务来划分监管机构的金融监管模式。王衡(2002)通过分析国际形势和中国混业经营的必然趋势,认为中国应建立功能监管体系,并指出功能监管存在多种可能的模式。倪旸等(2002)分析中国面临的三大挑战以及功能监管的含义,提出中国有两种不同形式的功能监管可供选择。顾海峰(2010)认为金融全球化和混业经营趋势要求实行功能监管,认为该监管模式具有防范系统性金融风险、实现监管功能模块化、促进监管效率提高、有利于金融创新的优势。管延友等(2013)认为功能监管框架具有很多缺陷,比如可能出现监管重叠、监管依据不一、法律界限模糊、难以统一产品标准等现象,应当从现实出发,把机构监管和功能监管模式相融合。孙美芳(2016)认为中国机构监管已经较难适应混业经营的现实需求,应逐步引进功能监管的要素。

3. 统一监管模式

区别于分业监管与功能监管设立的多个监管机构,统一监管模式只设立一个监管机构,对整个金融体系进行统一监管。刘康华(2007)认为统一监管模式具有很多优势:顺应了金融控股公司发展的需要、较好解决金融机构套利行为、提高监管效率、增强监管弹性、改善职责,并提出了按"两步走"

的计划实现统一监管。针对混业经营下金融监管存在的问题，结合美国监管体制改革的启示，成学真和张德梅（2010）提出了在中国实行统一监管的构想，建立"中国金融监督管理局"统一的金融监管机构，建立金融行业协会等自律组织，解决过渡期问题，监管立法对国际合作提出建议。

4. 双峰监管模式

双峰监管模式指的是设立两类金融机构，分别负责审慎监管和行为监管。该模式最早由英国经济学家迈克泰勒于1995年提出，澳大利亚于1997年采用了该模式，建立了"三元结构"的双峰监管模式。荷兰于2002年采纳，建立了"二元结构"的双峰监管模式。2008年国际金融危机后，双峰监管模式开始引起国际的广泛关注，英、美也建立了适合国际的双峰监管模式。

表 1　　　　　　　　四种监管模式及概括介绍

模式	代表国家	主要特征	主要优点	主要缺点
分业监管	中国、墨西哥	对金融机构按照类型进行划分并且由各自相应的监管机构进行监管	监管界限清晰、监管职责明确、高度专业化，防止金融监管权力集中于一个监管部门	监管空白、监管套利和监管资源浪费
功能监管	法国、巴西	根据不同类型的金融业务来划分监管机构	监管标准具有一致性，混业经营无法套利；跨产品、跨部门和跨机构监管，金融创新没有制度体制性阻碍	多方监管、重复监管、监管成本提高；针对微观业务，忽视总体金融风险
统一监管	加拿大、日本、德国、瑞士	只设立一个监管机构，对整个金融体系进行统一监管	避免监管空白、监管重叠、降低监管成本、防止监管套利，有助于从总体上认知社会金融风险；避免扯皮推诿	监管权力高度集中，决策压力大；监管效率和监管效果需要实现更高成本的管理
双峰监管	澳大利亚、荷兰、英国	设立两类金融机构，分别负责审慎监管和行为监管	不存在监管重叠的问题；消费者的利益能更好地被保护；两大体系分立有助于各自发挥优势；减少不同机构权力管辖争斗	对信用评级机构和审计机构的能力和水平要求较高；对两类机构工作的协调性要求比较高

资料来源：笔者自制。

（三）中国需要什么样的金融监管模式

中国金融监管模式大体经历了以下几个阶段：1978—1992年统一监管体系的形成与发展时期，其中1984—1992年中国金融市场的混业经营已经十分显著；1993—2016年，随着证监会、保监会、银监会相继成立，中国形成了"分业经营、分业监管"的监管体系即"一行三会"的金融监管模式；随着2017年国务院金融稳定发展委员会成立和2018年3月银监会和保监会的合

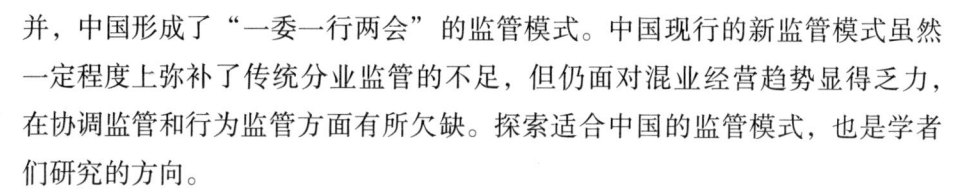

并，中国形成了"一委一行两会"的监管模式。中国现行的新监管模式虽然一定程度上弥补了传统分业监管的不足，但仍面对混业经营趋势显得乏力，在协调监管和行为监管方面有所欠缺。探索适合中国的监管模式，也是学者们研究的方向。

1. "统一监管"模式的发展方向

随着银保监会合并，有部分学者认为中国监管机构改革的下一步是将银保监会与证券监督管理委员会合并为一家综合性监管机构，认为中国会走向"统一监管"模式。王浩然（2018）分析了中国金融监管体制改革的背景和过程，得出了中国未来的金融监管模式应当为统一监管模式。李鑫智（2018）探索了其他国家金融监管改革经验，结合中国现有体制存在的诸多问题，构建了一个符合中国国情的统一监管框架，即以金稳会为最高的统一监管机构，下属央行和消费者保护局，现有的"两会"并入央行。舒心（2019）在分析中国金融监管体制在党的十八大前后的变革历程以及变革原因的基础上，认为中国金融监管体制会走向统一监管，金融委的成立和银保监会的合并就是该趋势的证明。

2. "双峰监管"模式的发展方向

随着"双峰"监管模式在其他国家屡屡获得成功，很多学者认为"中国应借鉴双峰模式"。钟震和董小君（2013）对双峰监管的各方面进行了分析和假设，结合其他国家的实践经验，认为中国借鉴双峰型监管模式的方面包括引入行为监管、约束混业经营、完善协调机制。冯乾和侯合心（2016）通过分析行为监管的种类以及澳大利亚等国的实践，得出中国有必要借鉴双峰监管模式中的建立独立的行为监管机构和加强监管机构之间的协调性。吴云和张涛（2016）通过对比分析双峰结构下的二元和三元结构，认为二元结构能更好地解决监管部门协调性的问题，并且能强化中央机构的核心地位，中国着力解决多头监管带来的弊端，结合双峰监管探索适合中国国情的监管模式。贾晓雯（2017）结合中国混业经营的背景以及双峰监管理论的起源、模式，并对比分析了英国、美国、中国的强式、半强式、弱式双峰监管模式，认为中国应当坚持双峰并重、完善协调机制。陈斌彬（2019）通过分析英国建立双峰监管制度的措施，提出中国应借鉴英国的监管模式，克服中国监管法中存在的系统性金融风险防范缺失和对消费者保护乏力的软肋。张懿心（2019）通过分析英国双峰型监管模式，结合中国国情，认为中国应当赋予央行宏观审慎监管权力、强化行为监管、建立协调机制、开展国际金融监管合作。

3. "国情选择"的金融监管模式

一切从实际出发，中国也应当建设具有中国特色社会主义的金融监管模式。张晓朴和卢钊（2012）总结了关于金融监管建设的十项原则，其中便提到监管应适应本国国情，进行监管体制改革需要进行全方位的评估和诊断。吴晓求（2017）将金融结构的变化及其带来的风险作为监管模式变化的依据，认为监管结构的设置和该国的金融结构和金融风险特征有密切关系。其他学者也依据中国具体国情提出不同的监管结构改革。曹凤岐（2009）回顾并对比了其他国家金融监管模式的发展历史、改革路径，提出了适合中国金融发展的伞形监管模式，并且还认为应当循序渐进，分三个阶段逐步完成。巴曙松和沈长征（2016）在分析了全球金融监管模式的发展趋势并结合中国国情，构建了一种监管模式：央行为主导，内设金融政策委员会，负责宏观审慎管理，下设金融行为委员会负责行为监管以及金融审慎监管委员会负责审慎管理，另外在外部设立消费者保护局来维护消费者权益。刘晓光等（2019）通过分析金融监管结构和宏观杠杆率的关系，认为基于中国当前国情，为了最大化地加强对杠杆率的控制，应当实行分业监管，并且银行业的监管应当由央行负责。

二 新时代中国加强金融监管的重要性：以银行、证券业为例

（一）银行业

银行是现代经济运行的核心，深刻影响社会资源的配置，是货币收支、外汇收支、信贷收支和结算中心，是国民经济活动的神经中枢。同时，银行业在整个金融业中占有举足轻重的地位，截至2021年第三季度末，银行业机构总资产约为339.36万亿元，约占金融业机构总资产375.68万亿元的90.3%。因此银行业监管在金融监管中也处于重要地位。如今，随着金融市场化逐步深入，金融科技不断发展，金融产品和服务越来越丰富，银行的经营环境发生了翻天覆地的变化，也面对越来越多的挑战。

1. 信用风险

信用风险仍然是银行面临的主要风险，不少银行存在贷款集中度高的现象，这也造成了银行不良贷款率的提高和信贷业务风险频发。银行的信贷业务是银行经营的主要利润来源，但是由于银行的贷前调查、贷中审查、贷后管理等方面落实不完善，常常有信贷资金被套取和挪用等风险事件的发生。

从图 1 中可知，中国近年来银行信贷规模不断扩张，2020 年末贷款余额比 2016 年末增加了 62%，中国银行业的不良贷款余额增速也很快，由 2015 年的 19624.4 亿元增至 2017 年的 23892.2 亿元，再到 2020 年的 34740 亿元；2020 年中国商业银行的不良贷款余额约为 2.7 万亿元，也比 2015 年末增加了一倍。

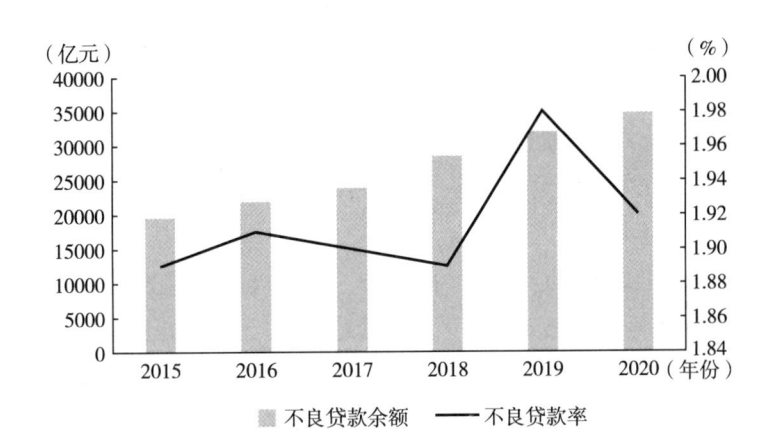

图 1　2015—2020 年银行业金融机构不良贷款情况

资料来源：银保监会。

信用风险频发给国家、银行、人民群众带来的危害很大。银行出现信用危机会影响社会资源配置，不能及时收回的贷款使资金不能及时流向需要的部门，也给社会带来不安情绪，影响社会秩序；使银行不能及时收回贷款，降低其资金周转能力，使银行信誉下降并且降低吸收存款的能力。

2. 不规范的银行业务发展

随着越来越多的金融工具出现，银行为了攫取更多利润，不断开拓新领域，理财产品快速扩张，同时也存在不断在规避监管方面发展业务的现象，各项风险爆发可能性激增，作为金融市场基础行业的银行业若爆发风险，很容易引发金融系统的风险。银行业务的发展在很大程度上方便了群众的经济生活，但金融创新也带来了更大的风险，为监管提出了更多要求。

部分银行规避监管，发展了很多不规范的业务，增加了金融系统的风险，如以贷转存、存贷挂钩、以贷收费、转嫁成本等现象；信贷资金盲目流入房地产行业、理财资金管理违规和使用违规等，这些反映了银行内部风险监测机制不完善，增加了中国金融风险的发生，严重危害国民财产安全。

3. 影子银行乱象

由于居民的投资需求不断提升，银行套利需求等的作用，金融体系中逐渐形成了一种新的金融业态——"影子银行"，它由商业银行占主导并且扮演着"类银行"的角色。它的大部分业务依托于银行，风险与银行业紧密相关，业务主要为传统商业银行表外业务，还有部分民间借贷和非银行金融机构贷款产品。影子银行有银行的信贷扩张和信用功能，却没有正规的监管约束，资金流向混乱、隐蔽，监管缺失情况下逐利性驱使的金融秩序混乱也频频发生。

前些年中国影子银行的规模不断扩张，2008年后影子银行发展迅速、无序扩张，截至2009年底，广义影子银行规模已有84.8万亿元，GDP贡献率高达为86%，且年增速超过20%，在监管不严、进入门槛低、融资成本低、利润高的情况下，影子银行规模加速狂奔，2016年，广义影子银行规模超过90万亿元，2017年达到100.4万亿元的峰值。之后中国加强对影子银行的监管整治，其规模有所下降，2019年降至84.8万亿元。但由于多年扩张和规避监管的生长，目前的监管仍然难以兼顾其风险的方方面面。

影子银行无序扩张造成了宏观杠杆率不断攀升，其为了规避监管设计的层层嵌套的复杂产品结构更是促进了资金空转、金融"脱实向虚"，降低了金融运行效率；同时其产品将各行各业捆绑在一起，将个体风险促成行业风险，进而升级为系统性风险，对中国金融稳定性产生极大潜在性危害，对人民群众的财产安全造成威胁。

（二）证券业

中国证券市场是金融市场中最大的市场，但是发展时间短、发展水平低、很多方面存在监管不完善的问题，尤其是证券市场中绝大部分都是中小投资者，证券市场发生的风险对风险抵抗力低的投资者损害较大，尤其是随着证券市场的发展，越来越多的风险频现，更应当加强对证券市场的监管。

1. 股票市场

1990年中国股市诞生，发展至今已有31年。截至2021年6月底，上市公司数量已达到4386家，总市值约86.37万亿元，中国已成为全球股票第二大市场，并且投资者数量已达到1.89亿人。持股市值在59万元以下的中小投资者占比97%，股票市场的波动会影响众多经济实力薄弱的投资者，影响众多家庭。但是中国股票市场却乱象丛生，存在一定程度的混乱无序，更有寻租者、非法套利者钻监管的空子，最终的损失却由国家和中小投资者买单。

自股票市场建立以来，股市动荡频繁发生。1996年，10个交易日暴跌

43.3%，80%的投资者被套牢；2001年，沪深指数一年内从6月14日2245点跌至1514点，80%投资者被套牢，之后A股经历一场长达5年的熊市；2008年，在不到一年的时间里下跌幅度超过72%，市值缩水峰值为22万亿元，股民人均亏损13万元；2015年，在短短十天里，A股总市值蒸发5.5万亿元，1.3亿股民人均亏损超过5万元。中国股票市场的大幅波动和除了市场本身作用，也有人为因素，比如非法配资、内幕交易等，所以加强对股票市场的监管至关重要。

2. 债券市场

近年来中国债券市场规模不断扩大，共发行的各类债券从2005年的5万亿元持续增至2019年的27.04万亿元，2020年为37.75万亿元，同比增长39.62%，各类债券发行量稳步增长，促进了债券市场规模持续增长。

如此大规模的债券市场风险也频频发生，从图2看，2016年是第一个债券主体及数量违约的峰值年，2019年是第二个峰值点，近五年来中国债券违约主体和数量大幅增加，近两年有稳定趋势，2021年债券市场违约数量为239只，违约主体数为77家。

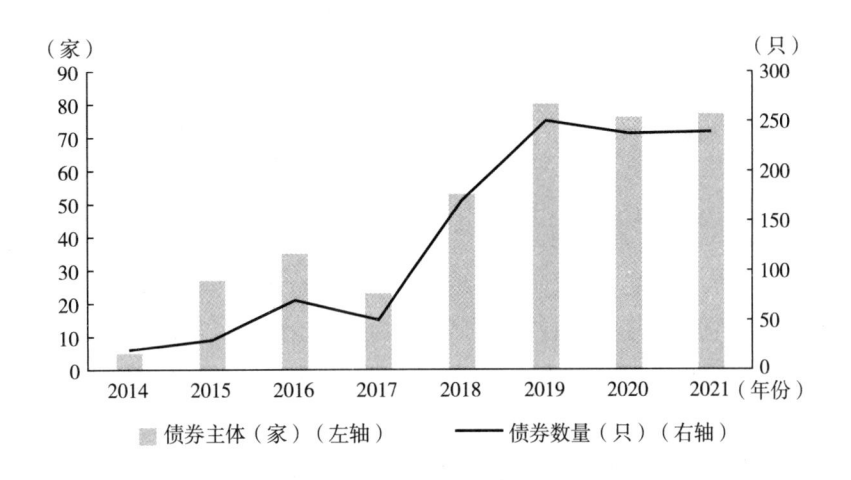

图2 历年新增违约债券主体及数量

资料来源：Wind，上海证券研究所。

债券违约频频发生危害投资者利益，除了由于主体经营不善的原因之外，还有重要原因就是债券的披露机制不完善，未能受到市场的有效监管；另外，违约债券的后续处置手段有所欠缺，八成的违约债券处置手段是自筹资金和债务重组，另外主要为破产清算，需要有效的监管机制来引导违约债券的处置，最小化投资者的损失。

3. 金融衍生品

经济的发展催生了多种多样的金融需求，金融产品因此层出不穷，金融衍生品具有杠杆性、虚拟性和风险性，并且在金融市场中有越来越多的应用，对其进行监管至关重要。

中国金融衍生品规模不断扩大。以期货市场为例，中国期货市场成交量从 2013 年的 20.62 亿手增长到 2020 年的 61.53 亿手，增长 198.40%。成交额方面，由于受到 2016 年金融期货交易活跃度下降的影响，2016 年期货交易成交额从 2015 年的 554.23 万亿元下降到 2016 年的 195.63 万亿元，随后逐渐恢复至 2020 年的 437.53 万亿元。

金融衍生品具有杠杆性，其在金融市场中具有重要的市场地位，保证金制度使交易者能通过低成本的衍生品交易获得 N 次方的投资回报，随着衍生品不断多样化，杠杆性仍是其重要特性；高杠杆性势必形成较大风险，加之市场的复杂多变性以及交易者的良莠不齐，导致金融衍生品出现高风险问题；另外，金融衍生品具有虚拟性，将投资者的权利与义务规范在合约里，进行独立与实体经济的运动。面对衍生品的风险，我们应提高金融监管的风险管理水平，规范各类金融衍生品的发展，维护投资者的权益。

三 新时代习近平总书记有关金融工作重要论述的阐释

习近平总书记对金融监管进行全面部署，作出了一系列重要论述。深刻理解习近平有关金融监管工作的重要论述，有助于我们理解以习近平同志为核心的党中央统筹中华民族伟大复兴战略全局和世界百年未有之大变局，理解站在金融新时代发展趋势上金融监管的要求，从而为中国新时代条件下金融发展提供发展助力和动力。

（一）防范金融风险需要加强金融监管

防范金融风险是金融监管的出发点和最主要的任务，习近平总书记关于金融风险的论述就突出了这一点。从表 2 中论述看，2012 年习近平总书记在中央经济工作会议上讲话指出"要高度重视财政金融领域存在的风险隐患，坚决守住不发生系统性和区域性金融风险的底线。2017 年指出三大攻坚战之一的防范化解重大风险的重点就是防控金融风险"作为防范化解金融风险的重要手段，金融监管也被习近平总书记多次强调。

表 2　习近平总书记关于加强金融监管以防范金融风险的重要论述

时间	出处	论述内容
2001 年 2 月 7 日	《2001 年福建省人民政府工作报告》	要加强金融监管，搞好金融"三项整顿"，防范金融风险
2016 年 12 月 14—16 日	习近平在中共中央经济工作会议上的讲话	指出要把防控金融风险放到更加重要的位置，下决心处置一批风险点，着力防控资产泡沫，提高和改进监管能力，确保不发生系统性金融风险
2017 年 7 月 14—15 日	习近平在全国金融工作会议上的讲话	习近平强调"防止发生系统性金融风险是金融工作的永恒主题"，同时指出金融工作的原则之一是"强化监管，提高防范化解金融风险能力"，"要坚决整治严重干扰金融市场秩序的行为，严格规范金融市场交易行为，规范金融综合经营和产融结合，加强互联网金融监管，强化金融机构防范风险主体责任"，并在会上宣布成立金融稳定发展委员会

资料来源：笔者自制。

中国存在多方面导致金融风险的可能性。一是中国经济的复杂局面使得存在发生系统性金融风险的可能，改革开放以来，中国金融经历了四十多年的发展，风险积累的时间长、程度深，"三阶段叠加"现象愈加严重，经济快速发展阶段，存在产品结构失衡、房地产泡沫堆积、金融机构缺乏风险管理知识等问题。二是金融脱实向虚现象对金融安全造成很大影响，金融与实体经济发展脱离，滋生大量金融泡沫易引发金融危机。三是金融市场存在诸多风险，如高杠杆问题、影子银行、互联网金融乱象、P2P 等，增加了系统性金融风险发生的可能性。四是新一轮工业革命的到来、中美贸易摩擦、新冠疫情造成的冲击等也为金融风险滋生提供土壤。

习近平有关防范系统性金融风险的重要论述根植于马克思主义。一是论述严格遵循马克思主义金融理论。马克思认为信用对资本积累有重要贡献，但其本身无价值性、虚拟性使金融脱实向虚，产生了独立的经济运行空间，加大资产泡沫性，以致信用是"一切颠倒错乱形式之母"和经济危机"催化剂"。马克思在对资本主义政治经济学批判过程中，指出金融危机发生具有其机制问题，需要对金融体系进行调控和干预。二是论述传承马克思经济理论防范金融风险的思想。马克思虽未在其论述中直接提出防范金融风险，但他在分析资本主义经济危机的过程中蕴含着丰富的防范风险的思想。他指出经济危机的主要表现形式是生产过剩，具体表现为信用危机和货币危机。马克思关于金融危机的论述体现了其重视金融风险防范的思想。三是论述继承并发展了马克思关于金融危机负面影响的思想。马克思在其著作《英国贸易的震荡》中描述了格拉斯哥银行倒闭对国际政治、社会秩序、人民生活带来的影响,体现了金融危机在经济、政治、社会等方面的恶劣影响。

早在习近平总书记在福建任职时便提出要加强金融监管,防范系统性金融风险。这些重要思想,同党的十八大以来不断强化对监管的重视是一脉相承、一以贯之的。后来总书记也多次强调要发挥监管防范化解金融风险的能力。在2016年强调要提高监管能力,处置风险点,防控资产泡沫,突出了金融监管防控风险的作用;2017年再次将强化监管与防控风险结合在一起强调,并指出发挥金融监管的整治乱象、规范市场行为等方面的作用,并且强调行为监管。

(二) 改革和完善新时代金融监管框架

构建新时代金融监管框架是进行金融监管的必然要求,金融体系是一直不断发展变化的,所以金融的监管也需要随着金融市场的发展而变化,适应中国新时代金融发展的要求的监管模式可以更好地服务金融发展。习近平总书记也在不断为建立这样的监管框架指明方向。

2015年,混业经营、金融创新给金融分业监管体制带来挑战,金融快速发展,很难依靠传统的一行三会监管框架进行监管。从表3可知。习近平总书记多次强调的"避免监管空白""全方位监管""宏观审慎监管""统筹协调能力"要求建立一种更适应当代金融混业经营趋势发展、金融开放不断深化、金融创新频出、金融危机传染链条性强、金融消费者权益保护弱化背景下的监管框架。

表3　习近平总书记关于改革和完善新时代金融监管框架的重要论述

时间	出处	论述内容
2015年10月26日	习近平在党的十八届中央委员会第五次全体会议上的讲话	习近平分析了中国金融业的快速发展给现行的分业监管体制带来的重大挑战,应坚持市场化改革方向,加快建立统筹协调监管的现代金融监管框架,杜绝系统性风险
2015年12月18—21日	习近平在中央经济工作会议上的讲话	要加强全方位监管,规范各类融资行为,抓紧开展金融风险专项整治,坚决遏制非法集资蔓延势头,加强风险监测预警,妥善处理风险案件,坚决守住不发生系统性和区域性风险的底线
2017年2月28日	习近平在中央财经领导小组第十五次会议上的讲话	习近平强调防控金融风险,要加快建立监管协调机制,加强宏观审慎监管,强化统筹协调能力,防范和化解系统性风险。要及时弥补监管短板,做好制度监管漏洞排查工作,参照国际标准,提出明确要求

资料来源:笔者自制。

习近平总书记强调金融业快速发展要求建立相匹配的现代金融监管模式。

2015年习近平总书记分析金融业快速发展给分业监管体系带来的重大挑战，混业经营趋势下分业监管存在监管空白、监管套利等问题，应该建立统筹协调的监管框架，适应新时代金融发展的趋势，防范金融风险的发生。

习近平总书记指出避免监管空白需要建立更完善的金融监管框架。各类融资行为快速发展，监管需要防范非法集资，规范各类金融行为。在行为监管上，中国监管框架尚存在不足，导致金融消费者的利益得不到有效的保障，传统的一行三会侧重于对金融部门的监管，在一些民间金融行为上缺乏监管，并且在消费者权益保护上显得乏力。适应新时代的监管框架需要弥补监管空白，规范各类金融行为。

习近平总书记指示金融监管要加强统筹协调能力，加强宏观审慎监管。一行三会的分业监管模式存在种种监管不周的问题，中国的监管框架需要更多地考虑审慎监管和行为监管，向综合监管发展。2018年中国形成了"一委一行两会"的监管模式，向综合监管迈出了重要一步。未来如何更好地加强统筹协调各监管部门，是金融监管框架完善的方向。

（三）金融监管服务于金融回归实体经济

实体经济是金融发展的根基，习近平总书记也强调金融服务实体经济。从表4情况看，2017年7月14—15日，习近平在全国金融工作会议上强调，"金融是实体经济的血脉，为实体经济服务是金融的天职，是金融的宗旨"，并指出做好金融工作的第一项原则便是"回归本源，服从服务于经济社会发展"。在金融监管方面，习近平总书记也强调监管要引导金融回归实体经济。

表4　习近平总书记关于金融监管服务于金融回归实体经济的重要论述

时间	出处	论述内容
2013年9月5日	习近平在二十国集团领导人第八次峰会上的讲话	要继续加强国际金融市场监管，使金融体系真正依靠、服务、促进实体经济发展
2017年4月25日	习近平在中共中央政治局会议上的讲话	要求要高度重视防控金融风险，加强监管协调，加强金融服务实体经济，加大惩处违规违法行为工作力度
2017年12月18日	习近平在中央经济工作会议上的讲话	管住货币供给总闸门，保持货币信贷和社会融资规模合理增长，保持人民币汇率在合理均衡水平下的基本稳定，促进多层次资本市场健康发展，更好为实体经济服务
2018年1月30日	习近平在第十九届中共中央政治局第三次集体学习时的讲话	实体经济是一国经济的立身之本，是财富创造的根本源泉，是国家强盛的重要支柱
2019年1月17日	习近平在天津港码头考察时的讲话	实体经济是大国的根基，经济不能脱实向虚。要扭住实体经济不放，继续不懈奋斗，扎扎实实攀登世界高峰

续表

时间	出处	论述内容
2019年2月22日	习近平在中共中央政治局第十三次集体学习上的讲话	金融要为实体经济服务，满足经济社会发展和人民群众需要。金融活，经济活；金融稳，经济稳。经济兴，金融兴；经济强，金融强。经济是肌体，金融是血脉，两者共生共荣。我们要深化对金融本质和规律的认识，立足中国实际，走出中国特色金融发展之路
2020年4月10日	习近平在中央财经委员会第七次会议上的讲话	必须看到，实体经济是基础，各种制造业不能丢
2020年4月22日	习近平在陕西考察时的讲话	实体经济是中国经济的命脉所在

资料来源：笔者自制。

中国近年来出现了金融脱实向虚的现象。泛金融业的GDP贡献从2004年的10%左右稳步增长至2020年的16%左右，服务业的GDP贡献从2004年的33%上升至2020年的39%，而制造业的GDP贡献则从2004年的33%下降至2020年的26%。中国各部门的宏观杠杆率从2008年起急速飙升，居民部门杠杆率已从2008年的17.90%大幅升至2021年6月的62%，12年的时间里累计上升了44个百分点；非金融企业部门杠杆率则从2008年的95.20%大幅升至目前的158.80%，12年的时间里累计上升了63.60个百分点，金融部门杠杆率从2008年年底的27.6%升至2016年、2017年年底的78.2%和69.7%。

习近平总书记重视金融监管引导金融回归实体经济符合马克思关于实体经济和虚拟经济的论述观点。马克思在《资本论》中多次阐释了虚拟资本既能促进资本集中和资本集聚，推动企业和经济的较快发展，同时又论述了虚拟资本若偏离了经济发展所需的轨道，便有可能诱发自身风险，这就是金融危机的由来。金融危机产生的同时会一定程度上引发经济危机，导致整个经济社会陷入萧条。马克思认为虚拟经济有利有弊，一方面，实体经济是价值创造的直接来源，虚拟经济不直接创造价值但却以其提供的资金融通、商品流通等服务提高实体经济的价值生产率；另一方面，若资金空转，泡沫失控膨胀，就会导致金融危机。解决脱实向虚的办法是要让两个部门利润率平均化，条件是资金可以在各部门自由流动且各部门自由竞争。一方面由于市场不可能达到利润平均；另一方面基于中国对金融部门的管制政策导致的金融部门进入门槛高的国情，金融部门利润率偏高，市场调节失效，依靠金融监管来调节"脱实向虚"问题就至关重要。习近平总书记的"金融回归本源"便是在马克思关于实体经济与虚拟经济基础上的继承与发展。

关于金融监管如何引导金融服务实体经济，习近平总书记的讲话给出了以下指导。基于全球经济治理，习总书记号召二十国集团加强国际金融市场监管，使金融服务实体经济。国际金融也出现了脱虚向实的趋势，对实体经济的冲击不容小觑。加强金融监管以防控脱虚向实带来的风险，补齐监管短板，避免监管空白等。

四 构建中国特色社会主义金融监管的几点思考

（一）加强党对金融工作的集中统一领导

党对金融工作的领导，能够确保中国金融改革发展的正确方向，是抵御各种风险挑战、维护国家金融安全的根本保障，是中国金融事业从无到有、从小到大、从弱到强、从封闭到开放不断发展壮大的决定性因素。无论在战争年代，还是在社会主义革命建设时期，中国共产党一直都高度重视金融工作。在中国共产党的领导下，中国金融业成功支持了根据地的斗争和发展、解放战争的胜利和中华人民共和国成立前后经济金融秩序的统一和恢复。改革开放以来，又成功抵御了亚洲金融危机和美国次贷危机引发的国际金融危机的冲击，有力支撑了宏观经济的持续健康发展。尤其是党的十八大以来，以习近平同志为核心的党中央观大势、谋大局，发挥总揽全局、协调各方的领导核心作用，推动中国金融事业发展再上新台阶，中国银行业总资产规模、外汇储备余额持续位居全球第一，也是全球第二大债券市场、股票市场和保险市场，金融业发展的活力和韧性不断增强。

坚持共产党的领导是由中国共产党的性质决定的。中国共产党是中国工人阶级的先锋队，同时是中国人民和中华民族的先锋队，是中国特色社会主义事业的领导核心，代表中国先进生产力的发展要求，代表中国先进文化的前进方向，代表中国最广大人民的根本利益。党的宗旨是全心全意为人民服务，高理想和最终目标是实现共产主义。中国共产党以马克思列宁主义、毛泽东思想、邓小平理论、"三个代表"重要思想、科学发展观、习近平新时代中国特色社会主义思想作为行动指南，这是写入中国共产党章程的。中国共产党以实现共产主义为远大理想，把自己作为工人阶级和广大人民群众争取独立解放、创造幸福生活、实现中华民族伟大复兴的忠实工具，这就决定了在中国人民和中华民族实现美好理想、中国共产党完成时代使命过程中，必须毫不动摇地坚持和加强党的领导。没有党的领导，就没有中华民族的独立和中国人民的解放，就不会有中国的富强和中国人民的幸福，就无法实现中华民族的伟大复兴，就不能实现我们的远大理想。加强党对金融工作的集中统一领导，是构建中国特色金融监管的必由之路。

（二）金融监管引导金融服务实体经济

实体经济是国民经济的命脉，金融监管与实体经济的关系是我们关心的重要问题。针对中国金融化发展不断深化的国情，金融监管应当承担起引导金融服务实体经济的责任。

第一，要明确金融服务实体经济的方向。2017年7月14—15日，习近平在全国金融工作会议上强调，"金融是实体经济的血脉，为实体经济服务是金融的天职，是金融的宗旨"，并指出做好金融工作的第一项原则便是"回归本源，服从服务于经济社会发展"。金融监管应当引导金融服务实体经济，制定好相应的金融发展的政策，并加大对这方面的监督力度。

第二，要加强对资本市场的监管以服务实体经济。习近平总书记多次强调要完善资本市场和金融服务，从而创造良好的环境，疏通金融进入实体经济的渠道。2017年12月18日，习近平主持中央经济工作会议并指出："管住货币供给总闸门，保持货币信贷和社会融资规模合理增长，保持人民币汇率在合理均衡水平下的基本稳定，促进多层次资本市场健康发展，更好为实体经济服务。"金融创新不断深化推动金融市场的发展，金融周期开始逐渐脱离经济周期，变得更加复杂和难以预测，金融的脆弱性也明显增大。做好对资本市场的监管，保证不发生系统性风险，有利于金融进入实体经济、服务实体经济。

第三，要完善监管降低实体经济融资成本。2015年12月18—21日，习近平出席中共中央经济工作会议，指出要降低企业财务成本，金融部门要创造利率正常化的政策环境，为实体经济让利。比如可以出台对银行向小微业发放低息贷款的指标要求，或者制定其他金融机构让利实体经济的政策等，加大监管政策扶植力度，强化事后监管，建立完善的奖评机制，让监管在引导金融服务实体经济方面持续发力。

（三）金融监管与金融深化改革同步并举

金融改革已成为金融领域的一个重要关键词。新时代中国金融市场飞速发展，积累了很多弊病需要变革，新时代的国际金融背景也对金融改革提出了新要求。金融改革与金融监管相互促进发展，改革同步并举。

从历史上看，金融改革带来的金融市场变化催生金融监管的变化。金融改革经历了三个主要的发展阶段。1978—2003年为第一阶段，"双层银行体制"的建立以工农中建四大行从人民银行分离出来为标志，证监会、保监会、银监会相继成立，代表金融监管从行政中独立出来；2004—2015年为第二阶段，中国的银行业重组、改制、上市，直到一行三会的监管模式形成；2015年至今是第三阶段，人民币加入SDR，开始逐步走向国际化，中国的金融市场国际化要求更高程度的开放，要求更加市场化的平台。中国的金融市场已经开始在国际化，它要求更高程度的开放，要求更加市场化的平台，面对金融开放带来的新风险，2018年中国形成了"一委一行两会"的监管模式以适应金融改革带来的变化。

新时代中国金融改革不断发展，金融业出现了很多新现象，带来新的风险点，对金融监管提出了更多要求。一是伴随经济的发展和市场的改革，金融业态多元化，混业经营趋势愈加明显，金融风险多样化并且具有高度传染性，中国分业监管模式也应逐步探索融入功能监管的优势。二是金融市场化改革持续推进，金融开放不断深入发展，利率市场化和汇率市场化改革带来更多风险，我们应更加注重监管的协调性，完善现有的监管体制，建立新风险的防御机制，确保不发生那个系统性风险。三是金融科技不断发展，给金融市场带来了很多前所未有的风险，进一步挑战当前的监管能力和监管框架。监管也应当与时俱进，利用科技手段进行监管，形成动态实时监管系统，并进一步丰富监管指标和完善监管体系，进行更加有效的全方位监管。

金融监管与金融改革互相促进，通过金融监管来保证金融改革的有序进行，金融改革也催生更加有效、更加适应新的经济形势的金融监管，二者交互并进，螺旋上升式推进和保障金融市场稳步发展。

（四）金融监管应深植国情并借鉴国际最佳案例

中国目前的金融监管框架是"一委一行两会"的分业监管模式，一委一行负责审慎监管，两会负责行为监管，但各机构的监管范围、监管职权、沟通机制等还需要进一步明确。中国人民银行在监管体系中是最高权力机构，担负总揽全局的职责，协调各监管部门，制定金融机构等的基本规则，银保监会负责银行和非银行等金融机构的监管，证监会监管证券行业和资本市场等方面。分业监管模式在一定程度上适应了中国金融发展不够成熟的市场状态，但随着金融科技不断发展、金融创新不断深化，金融混业经营在金融行业中占有越来越大的比例，如何协调混业经营下监管资源以及保护金融消费者的权益，向中国新时代金融监管提出了更大的挑战。

国际上的应对金融风险监管成功的案例值得我们借鉴。英国在2012年建立了三元的"双峰"监管体制，于2016年建立了二元"双峰"监管体制，并且在制度、法律、人事上都进行了协调性安排。一是央行具有绝对的核心地位和领导权,将FPC、PRC设在央行内部,也强化了央行在监管中的核心地位。二是金融监管部门之间也建立了协调机制,负责宏观审慎监管的FPC部门具有向负责微观审慎监管的PRC以及负责行为监管的FCA下达指示以及提出建议的权力,PRC与FCA之间也通过联席会议、参加对方董事会等机制以及人事方面的交叉任职的措施建立完善的协调机制。三是英国还重视监管资源的协调,负责审慎监管与行为监管的三个部门之间通过沟通匹配监管资源,另外依据"抓大放小"的原则建立行为监管局来均衡监管资源。

在金融监管协调方面,中国可以借鉴英国双峰结构的监管经验,更好地协调"一委一行两会"的监管工作。中国现行的金融监管模式的协调性问题体现在多方面。一是监管部门协调障碍,常态化的协调制度并未成型,在央行担负宏观审慎和银保监会担负微观审慎情况下,宏观监管和微观监管日益割裂,监管各部门之间的边界与关系不够明确。二是中央与地方金融监管协调障碍,相关文件尚存在对中央与地方金融监管的模糊地带,仅对监管权限与风险处置进行了界定,易造成监管空白、监管重叠和监管资源浪费,中央与地方在监管与发展上也存在不协调的问题,中央更重视风险防范,地方更重视经济发展;金融监管与科技发展之间也存在协调性问题,金融科技发展带来的风险难以衡量从而给监管造成困境,并且中国基于金融科技的监管体系还未建立。结合英国双峰监管协调机制,中国在纵向上应强化央行的核心地位、发挥金融委的协调作用、明确央地权责及目标、强化属地责任;在横向上应重视跨部门协调、统筹金融业综合统计,同时还应与法律建设同步,及时跟踪科技发展。

参考文献

安启雷:《我国金融腐败的成因与对策》,《企业管理》2009年第12期。

巴曙松、沈长征:《从金融结构角度探讨金融监管体制改革》,《当代财经》2016年第9期。

曹凤岐:《改革和完善中国金融监管体系》,《北京大学学报》(哲学社会科学版)2009年第4期。

曹凤岐:《中国资本市场的改革、创新与风险防范》,《金融论坛》2018年第9期。

陈斌彬:《从统一监管到双峰监管:英国金融监管改革法案的演进及启示》,《华侨大学学报》(哲学社会科学版)2019年第2期。

成学真、张德梅:《混业经营趋势下我国建立金融业统一监管机构的构想——基于次贷危机后美国金融监管体制改革的启示》,《武汉金融》2010 年第 10 期。

杜治洲:《金融腐败风险及长效治理机制》,《人民论坛》2021 年第 Z1 期。

冯乾、侯合心:《金融业行为监管国际模式比较与借鉴——基于"双峰"理论的实践》,《财经科学》2016 年第 5 期。

高惺惟、韩保江:《金融腐败治理与金融风险防控》,《财经科学》2021 年第 6 期。

顾海峰:《基于金融混业视角的金融监管创新路径:功能监管论》,《金融理论与实践》2010 年第 10 期。

管延友等:《试论金融理财业务的创新发展与监管模式选择——机构监管还是功能监管》,《西南金融》2013 年第 6 期。

郭春松:《基于分业监管格局下建立金融监管协调机制的思考》,《福建论坛》(人文社会科学版)2007 年第 6 期。

何宏庆:《区块链驱动数字金融高质量发展:优势、困境与进路》,《兰州学刊》2021 年第 1 期。

胡滨、任喜萍:《金融科技发展:特征、挑战与监管策略》,《改革》2021 年第 9 期。

贾晓雯:《内双峰模式下我国实施行为监管的挑战与展望》,《银行家》2017 年第 11 期。

李绍芳、刘晓星:《中国金融机构关联网络与系统性金融风险》,《金融经济学研究》2018 年第 5 期。

李鑫智:《中国金融监管模式现状及改革对策》,博士学位论文,吉林大学,2018 年。

李旭章:《金融腐败:金融风险的"催化剂"》,《人民论坛》2019 年第 23 期。

刘康华:《统一监管:我国金融监管模式的选择》,《商场现代化》2007 年第 14 期。

刘晓光等:《金融监管结构是否影响宏观杠杆率》,《世界经济》2019 年第 3 期。

倪旸等:《功能监管——我国金融监管的必由之路》,《未来与发展》2002 年第 5 期。

舒心:《新时代我国金融监管体制变革:回顾、反思与展望》,《中国地质大学学报》（社会科学版）2019年第1期。

孙美芳：《强化金融混业的功能监管》，《中国金融》2016年第5期。

王浩然：《改革开放以来我国金融监管体制演进的研究》，《今日科苑》2018年第9期。

王衡：《论金融功能监管：金融监管核心思想——从全球金融监管新发展看中国金融监管法律变革》，《中国青年政治学院学报》2002年第1期。

吴晓求：《中国金融监管改革：逻辑与选择》，《财贸经济》2017年第7期。

吴云、张涛：《危机后的金融监管改革：二元结构的"双峰监管"模式》，《华东政法大学学报》2016年第3期。

谢顺利、乔海曙：《防治金融腐败》，《瞭望》2007年第1期。

袁春振：《我国分业金融监管的体制约束与策略分析》，《理论学刊》2007年第6期。

张斯琪：《"一委一行两会"格局下中国金融监管协调框架探析》，《中国行政管理》2020年第3期。

张晓朴：《系统性金融风险研究：演进、成因与监管》，《国际金融研究》2010年第7期。

张晓朴、卢钊：《金融监管体制选择：国际比较、良好原则与借鉴》，《国际金融研究》2012年第9期。

张懿心：《英国"双峰型"金融监管模式法律研究》，博士学位论文，辽宁大学，2019年。

钟震、董小君：《双峰型监管模式的现状、思路和挑战——基于系统重要性金融机构监管视角》，《宏观经济研究》2013年第2期。

邹玲等：《金融监管：多头分业还是单一全能》，《企业经济》2004年第4期。

左晓慧、刘思远：《金融监管对防范系统性金融风险影响研究》，《经济问题》2021年第7期。

基于风险视角的创新产品市场监管机制研究[*]

冯晓雷[**]

摘　要　新经济下的创新产品不断挑战传统市场监管。针对新事物的出现，如果缺乏科学有效的市场监管机制，势必造成不正当竞争。这些新兴产业不仅会打破传统垄断，还会造成新的垄断，消费者权益也无法受到保护等市场质量安全隐患。同时，如果市场采取过于保守的监管机制，又不利于创新性产业孵化和培育。本文拟通过探究新技术及其创新产品带来的市场监管挑战，结合风险理论和案例研究，提出基于风险视角的创新产品市场监管机制。

关键词　市场监管；创新产品；质量安全；风险管理

一　引言

工业时代，大规模生产一直主导着我们的生活。技术变革带来了社会经济发展范式的变化，现代社会正在从"生产者导向的社会"转向"顾客需求导向的社会（林登，2002）"，转变起源于信息时代下顾客态度和期望的巨大转变。知识经济的产生和发展，促使新经济正以自身独特优势改造着传统制造业和服务业，创造新的市场需求，引导新的消费理念，向社会提供具有创新性、个性化、融合性、高智力、高附加值、低资源消耗、低环境污染等特征的产品和服务，更能满足顾客的高情感体验、高精神享受的消费需求。新

---

[*]　浙江省市场监管局NQI项目"新型高分子材料分析鉴别检测技术研究及应用"（项目编号：20200102）。

[**]　冯晓雷，浙江省产品质量安全科学研究院高级工程师。

经济下，创新能力是企业赢得持续性竞争优势的关键（石泽杰，2018）。新的技术，如人工智能与决策、虚拟现实、基因工程、生物技术、新能源、新材料、可植入技术、普适计算、万物互联、比特币与区块链（施瓦布，2016）等形成了新的市场力量。新技术催生了新产业，有别于传统行业，新产业依托新的市场需求和新的科学技术，例如，3D打印的定制产品与服务、可穿戴设备、机器人智能制造、无人驾驶汽车、基因测序服务、太阳能田等创新性产业。新技术不仅催生了颠覆性的新产业，它们与传统行业融合后，重塑着传统行业，并演变出新业态，例如，智慧城市、共享经济等。这些创新产品具有创新性、融合性、科技性、多元性等鲜明特点。

与此同时，创新产品也在不断挑战着传统市场监管。针对新事物的出现，如果缺乏科学有效的市场监管机制，势必会造成不正当竞争。这些新兴产业不仅会打破传统垄断，还会造成新的垄断（曲崇明，2019），消费者权益也无法受到保护等市场质量安全隐患。另外，如果市场采取过于保守的监管机制，又不利于创新性产业孵化和培育。如何采取谦抑原则、包容审慎原则、底线监管原则、社会可持续发展原则实现科学的市场监管，是新经济产业能否在市场竞争中成功生存下来的关键。本文拟通过探究新技术及其创新产品带来的市场监管挑战，结合风险理论，提出应对创新产品的适应性市场监管机制。

二 面向创新产品的市场监管

市场监管又称政府监管、管制或规制，一般指政府行政机构依法采用行政手段、准立法或准司法手段，对企业、消费者等开展市场行为的行政相对人实施干预活动（肖志兴和宋晶，2006）。经济学特指政府对私人经济部门的活动进行的某种限制（王克稳，2021）。

新的知识经济社会使企业所处的市场环境都具有动态不确定性。这种不确定性为企业创新提供机遇的同时，也给企业和市场监管带来了风险（韩保庆和彭五堂，2022）。创新就会涉及不确定性、敏感性的"新"的服务活动的产生。针对创新产品的质量甄别和市场监管，一方面要保有风险意识，带着明确目的，科学地实施缺陷和浪费管控；另一方面要对创新产品持"包容性"态度，促进企业创新能力的形成，鼓励市场中的创新企业积极大胆地推动创新。传统的监管模式无法很好地适应不确定环境下的企业创新需求。传统的刚性监管方式注重计划、职责划分、明确标准考核制度，适合保障市场监管的"底线"（顾煜，2000）。而柔性监管机制基于刚性监管之上，更适应不断变化的动态市场环境。通过把企业当成"服务对象",关注企业创新的需求,以政府服务代替政府管制(霍龙霞和徐国冲,2020),激发企业内在潜力,把外在市场监管规定转变为企业自我价值实现的需求,进一步营造创新产品在市场中生存的优质服务环境,最终达到社会经济整体的可持续发展(安森东,2022)。

本文将柔性监管与风险管控融合到中国市场监管体系的各构成要素,从监管主体、监管内容、监管方法、监管机制、监管效果五个方面探究面向创新产品的市场监管体系的实现路径。

(一)监管主体

监管主体指依法采用行政手段,开展市场监管行为活动的行政主体。根据《国家市场监督管理总局职能配置、内设机构和人员编制规定》,国家市场监督管理总局是中国政府行政主体[①],是国务院直属机构,负责协调市场竞争、垄断、知识产权和药品安全等市场行为。

(二)监管内容

政府的市场监管事务由市场监管范围决定。市场监管的核心内容是对市场失灵的回应(刘然和朱丽霞,2004),包括微观经济无效率——自然垄断、外部性、公共品、信息不对称等社会不公平,以及以评估产品安全性、有效性、潜在质量为核心的行政科学监管工作,广泛应用于产品质量安全监管、食品药品安全监管、职业安全与健康监管、生态环境保护监管等社会监督管理领域,以实现社会福利最大化(张红凤和杨慧,2007)。目前,国家市场监督管理总局的主要职责:负责市场综合监督管理与执法、监督管理市场秩序、市场主体统一登记注册、反垄断统一执法、产品质量安全监督管理、特种设备安全监督管理、食品安全监督管理、统一管理计量工作、统一管理标准化工作、统一管理检验检测工作、统一管理和综合协调全国认证认可工作、管理国家药品监督管理局、管理国家知识产权局。其中,产品的质量安全监督管理是国家市场监督管理总局的核心监管内容之一。

市场作为贸易的平台,产品是市场流通的核心内容。针对不同产品的专业性质量安全监督管理,市场监管的产品类型大体可分为工业产品(包括服务)的质量安全监管、特种设备安全监管、食品安全监管三个方面。针对工业产品质量安全监督管理,市场监管主体通过建立并组织实施质量分级制度、质量安全追溯制度、产品质量安全风险监控、国家监督抽查工作等监管措施

---

① 国家市场监督管理总局,https://www.samr.gov.cn/,2022。

开展质量管控工作。针对特种设备安全监督管理，市场监管主体通过开展特种设备安全监察、监督工作，监督检查高耗能特种设备节能和锅炉环境保护标准的执行。针对食品安全监督管理，市场监管主体通过建立覆盖食品生产、流通、消费全过程的监督检查制度和隐患排查治理机制，组织构建食品安全应急体系，组织开展食品安全监督抽检、风险监测、核查处置和风险预警、风险交流工作，防范区域性、系统性食品安全风险。

（三）监管机制

目前主要的市场监管机制体现在事前、事中和事后三个方面。事前监管主要指市场准入阶段，行政主管部门对市场主体的准入监管。市场准入直接决定着市场的开放程度，市场开放程度直接决定着市场竞争是否充分和有效（徐凤，2022）。事中监管指进入市场后，行政主管部门对市场主体及其市场运行过程的监管。事后监管指市场交易完成后，行政主管部门对市场主体及其售后维护的监管。

1. 事前风险评估机制

事前监管主要指的是市场准入阶段，行政主管部门对市场主体的监管。在市场经济条件下，市场准入直接决定着市场的开放程度，而市场的开放程度直接决定着市场竞争是否充分和有效，"所谓竞争，并不是说一个行业有很多企业，而是政府允许自由进入"（王丛虎和侯宝柱，2022）。目前中国采取的是宽进的市场准入政策导向，即指减少政府过多干预和管制，放宽市场准入自由度（王淑梅和侯伟，2017；张韩，2021）。主要采用商事登记制度（或工商注册制度）和产品认证认可制度。依据《中华人民共和国产品质量法》，中国根据国际通用的质量管理标准，推行企业质量体系认证制度。企业根据自愿原则可以向国务院产品质量监督部门认可的或者国务院产品质量监督部门授权的部门认可的认证机构申请企业质量体系认证。

将柔性管理和风险管理理论融合到监管理论中。监管的柔性本质在于组织对环境变化的适应能力、柔韧性和响应能力，是一种与刚性和僵化相对的监管机制特质。柔性越高，对于风险性高的创新行为就越有能力来应对。监管的柔性增强了对变化的反应能力和灵活性（陈丰云等，2019），能够可调整性地应对创新产品带来的不确定性。监管的柔性主要体现在资源柔性和协调柔性。资源柔性强调了监管主体对现有资源的使用能力，协调柔性强调了监管主体应对变化环境的重新构造和重新配置资源，并将重置资源应用到各种新战略的能力。

由于柔性监管缺乏严格的职责划分和明确的监管标准，动态的风险评估与预警机制能够有效降低柔性监管缺陷引发的市场风险。通过采用产品全生命周期的过程监管、源头监管,结合第三方风险评估,将政府管制转变为政府服务。现行监管机制中,企业由于害怕抽检的惩罚结果,不愿把真正问题暴露出来。而政府通过第三方质量监测机构的多方合作机制,为企业主动提供质量监测技术和方法指导。企业把政府及第三方当成"服务商",由于第三方机构不是政府行政机构,没有行政处罚权力,更愿意与之合作,从而在全过程中间接接受了政府的全流程监管。

在事前监管阶段,监管主体主动为企业提供有利于市场准入的政府服务,包括法律、法规、技术标准的咨询服务,产品质量甄别信息的公开共享服务,以及引导企业与第三方开展针对创新产品质量的风险评估,为企业提供创新产品的风险识别、风险分析、风险评估结果和风险减缓建议,帮助企业实施创新产品质量提升,进一步推动创新市场的可持续发展。

2. 事中、事后的风险监测预警机制

事中监管指市场准入以后,行政主管部门对市场主体、对市场运行过程之中的监管。随着"放管服"改革的深入和监管重心的后移,"双随机、一公开"监管模式成为事中监管阶段的重要组成部分,在加强抽查随机性、促进过程公正性、保证结果公开性方面发挥了重要作用,实现了政府和被监管者之间公平互动(刘耀东和杜雅君,2022)。在此基础上,针对市场流通的产品,引入数据驱动的动态产品质量监测与信息公开共享,促进社会监督、社会参与(见图1)。

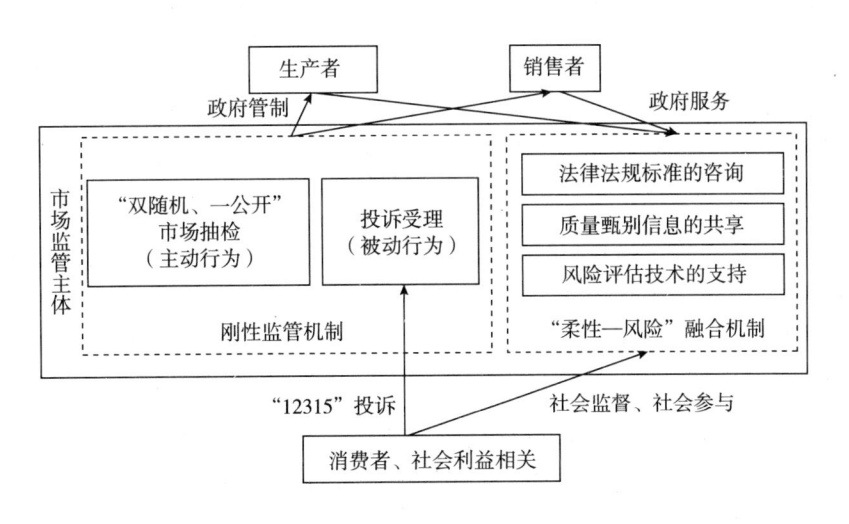

图 1　面向创新产品的市场监管理论模型

事后监管是指市场准入以后，行政主管部门对市场主体、对市场运行过程之后的监管。对于针对行动结果的政府次级监管对象，行政处罚制度、评估制度更适用于事后监管阶段。在中国，主要的事后监管措施是消费者投诉和企业缺陷产品召回制度。此类投诉与召回信息，又可借助数智化与信息可视化技术，开展面向公众的风险信息交流（赵丙奇和章合杰，2021），最终实现面向创新产品的动态事前、事中、事后监管。

（四）监管方法

日本学者植草益（1992）将政府实施规制的手段归纳为监管措施与监管权力的设定问题。常见的监管方法，例如依据反垄断法对不正当交易、持有或买卖毒品等法律限制，企业市场准入环节的商事登记、许可、认可、执照、承认、申报等的许可认可制度；对产品、服务质量安全的标准、认证、审查、检验制度。对于侧重行动结果的政府监管对象，行政处罚与评估制度更适合事后监管。基于风险视角的创新产品市场监管机制，最重要的监管柔性也是通过引入风险管理的方法实现的。由此，动态的风险评估与预警将有别于传统监管方法和技术，成为支撑柔性监管的新的监管方法，可以辅助刚性监管，未来可借助数智化和信息可视化技术，实现动态的全过程监管。风险管控主要包括风险识别、风险分析、风险评价、风险预警与交流。

1. 风险识别

产品质量风险识别涉及产品质量和产品安全两个方面。产品可信性描述了产品性能好坏，旨在确保产品生命周期各阶段（设计、制造、使用、废弃）的可靠性、可用性和维护性，常作为重要的产品质量要求列入产品规范。通过实施产品可信性分析，能够实现对产品潜在质量问题的风险识别。产品可信性描述了产品性能的好坏，常作为重要质量监测指标列入产品规范。产品可信度（Dependability）包含了可靠性、可用性、维修性和安全性，作为系统长期运行的质量特性，共同反映其在规定时间内，能完成规定功能水平的置信度（单晓红等，2018）。RAMS 是可靠性（Reliability）、可用性（Availability）、维修性（Maintainability）与安全性（Safety）的缩写（见表1）。可靠性、可用性、维修性和安全性，作为产品或系统长期运行的质量特性，共同反映其在规定时间内，能完成规定功能水平的置信度（系统的可信度；许述剑等，2015）。RAMS 的理论方法与技术方法作为全面质量管理的组成部分，是系统全生命周期管理中有关质量控制的关键指标（申得济等，2022）。

表1　　　　　　　　　　　产品质量的风险识别

二级指标	风险识别内容	技术标准
可靠性	产品供应商必须提供产品质量检验合格证，包含：操作说明书；维修说明书；警告说明书；备件及故障率；产品故障率等。	GB/T 6992.2：1997
可用性	用户在特定环境下有效、高效、满意地使用产品某特定功能。用户观察（产品投诉、好评评论等）；性能评价（时间性能、系统特征等）	ISO/TR 16982：2002
可维护性	维修说明书、警告说明书中须包含以下内容：可追溯性管理信息；技术状态管理信息；管理者代表信息；维修保障服务信息；改进大纲；修改控制	GB/T19004.1 GB/T 9414.1
特别要求	针对每一种特殊材质、外观和使用功能，及地域、国际贸易的特殊要求	国际、地域贸易限制或要求

（1）可靠性（R）。《GB3187：1982可靠性基本名词术语及定义》定义为"产品在规定条件下和规定时间内正确执行规定功能的能力"。可靠性是一个概率值，跟产品或部件故障率（λ）有关，是评价产品质量的重要指标，即：

$$R = 1 - \lambda \tag{1}$$

其中，R为可靠性；λ为产品或部件单位时间内的故障率。

可用性（A）和维护性（M）通常是成组出现的系统指标，它们是关于正常运行时间或维护时间的一组指标。可用性（A）是产品可正常运行时间与总时间的比率。有用性反映了产品在特定条件下能够令人满意地发挥功能的概率，即：

$$A = \frac{MTBF}{MTBF+MTTR} \tag{2}$$

其中，A为可用性；MTBF（Mean Time Between Failure）即平均无故障工作时间，或单位时间内系统能够正常运行的总时长；MTTR（Mean time to repair）即平均修复时间，或单位时间内系统处于维修状态的总时长。

（2）维护性（M）是产品处于维修状态的时间与总时间的比率。维护性衡量了产品的可修复性与可改进性的难易程度。其中，可修复性指产品在发生故障后可修复（恢复）性的难易程度；可改进性指其产品接受对现有功能改进或增加新功能可能性，即：

$$M = \frac{MTTR}{MTBF+MTTR} \tag{3}$$

其中，M 为维护性。

（3）安全性（S）指系统在其全生命周期内不会造成物理性、化学性、生物性和人体功效学伤害的系统指标。GB/T 22760-2008 附录 A 和附录 B，及职业健康与安全标准（ISO 45001：2018）明确了产品可能产生的物理性伤害、化学性伤害、生物性伤害和人体工学性伤害的风险类型（见表2）。

表2　　　　　　　　常见的产品安全性风险识别

					1-物理性伤害			2-化学性伤害	
机械性	擦伤		坠落			化学物质形式	烟雾		火灾
	砸伤		跌伤				蒸汽		爆炸
	卷伤		X-ray				气体		人员中毒
	压伤	能量性	红、紫外线				烟熏		慢性疾病
	夹伤		震动				烟尘		皮肤腐蚀
	撞伤		温度（烫伤、冻伤）				液体		肺部灼伤
生理性	窒息		压力				黏液		—
	通风		电击			3-人体工学性危害			
	照明		—			肌肉拉伤			过度疲劳
	噪声		—			姿势不良			精神压力
					4-生物性伤害				
传染源	昆虫		病毒			针头感染			食物感染
	细菌		寄生虫	途径		空气感染	途径		皮肤感染
	菌菇类					唾液感染			

2. 风险分析

常用的风险分析方法如 FMEA、HAZOP、决策树、故障树等。风险等级评定作为风险评估的结果可辅助决策，实现风险预警（陈建华和肖东生，2005）。本文以 FMECA 方法为例（蔡志强等，2013）。FMECA 基于通用的风险测量公式，即风险事件的发生概率 P 和事件的严重性 S 的乘积，对系统级失效的可探测度 D 等级进行了定义与区分，通过引入风险优先数（RPN），实现定量测量风险事件危害性。其公式为：

$$RPN = S \times O \times D \tag{4}$$

式（4）中：

RPN——风险优先数。

S——严酷度，表示一种失效对系统或用户的影响严重程度。

O——发生度，在预先确定或规定时间段内的失效发生频度。

D——可探测度，即在系统或用户受影响前识别和消除失效的估计概率。D 值通常与严重程度和发生概率成反比，D 值越高，可探测度越小。

不同类型的 FMECA 对 S、O 和 D 定义了不同取值范围，本文采用了通用工业设计和生产过程分析的 FMECA，即 DFMEA（基于功能的 FMEA 分析）和 PFMEA（基于操作流程的 FMEA 分析），取值范围为 1—10。

为了恰当地评价失效模式影响或危害性，应确定每种失效模式的发生频率或概率（见表3）。当 O 值小于 0.2 时，可用定量 FMEA 方法中的危害度 C 替代（见 5.3.4，GB/T 7826-2012）。常见的测量矩阵如下（见 5.3.6.2，GB/T 7826-2012）：

表 3　　　　　　　　　失效模式的发生度

发生度	等级	发生概率	发生频率的描述
极高：失效几乎不可避免	10	$P_i \geq 1 \times 10^{-1}$	经常发生（或发生在日常操作中）
	9	$2 \times 10^{-2} \leq P_i < 5 \times 10^{-2}$	
高：反复失效	8	$1 \times 10^{-2} \leq P_i < 2 \times 10^{-2}$	很有可能发生（或维修过程中发生）
	7	$5 \times 10^{-3} \leq P_i < 1 \times 10^{-2}$	
中等：偶尔失效	6	$2 \times 10^{-3} \leq P_i < 5 \times 10^{-3}$	偶尔发生（故障、失误情况下发生）
	5	$1 \times 10^{-3} \leq P_i < 2 \times 10^{-3}$	
低：很少发生的失效	4	$5 \times 10^{-4} \leq P_i < 1 \times 10^{-3}$	发生的可能性很小（非正常灾难下发生，如地震）
	3	$1 \times 10^{-4} \leq P_i < 5 \times 10^{-4}$	
极低：几乎不可能发生	2	$1 \times 10^{-5} < P_i \leq 1 \times 10^{-4}$	几乎不可能发生
	1	$P_i \leq 1 \times 10^{-5}$	

根据 SAE J1793 和 GB/T 7826-2012（见 5.3.6.1），表 4 给出了一个主要应用于工业生产中零部件产品质量的严酷度等级分类：

表 4　　　　　　　　　失效模式的严酷度

等级	严酷度	评定标准
10	无警告的危险	很高的严重程度，无预警的潜在失效模式影响到安全操作或（和）不符合政府有关法规

续表

等级	严酷度	评定标准
9	有警告的危险	很高的严重程度,有预警的潜在失效模式影响到安全操作或(和)不符合政府有关法规
8	很高	产品不可工作(主要功能丧失)
7	高	产品可工作,但性能水平下降,用户很不满意
6	中等	产品部件可工作,但舒适性/方便性等项目不能起作用,用户不满意
5	低	产品可工作,但舒适性/方便性等项目的性能有所下降,用户稍微有点不满意
4	很低	配合性和外观等项目不符合,超过75%的用户会感觉到有缺陷
3	轻微	配合性和外观等项目不符合,50%的用户会感觉到有缺陷
2	很轻微	配合性和外观等项目不符合,有识别能力的用户(少于25%)会察觉到有缺陷
1	无	无可识别的影响

此外,根据,表5给出了针对失效模式的职业健康安全影响的严酷度分级:

表5　　　　　　　针对失效模式最终影响的严酷度分级

等级	严酷度	失效模式对人员或环境的影响	职业健康与安全影响
Ⅳ	灾难性的	可能潜在地导致系统基本功能丧失,致使系统和环境严重毁坏或人员伤害	该伤害有可能长期致残,造成永久性伤害、甚至死亡。需要立刻前往医院救治
Ⅲ	严重的	可能潜在地导致系统基本功能丧失,致使系统和环境有相当大的损坏,但不严重威胁生命安全或人身伤害	该伤害有可能短期致残,需要立即的健康治疗服务
Ⅱ	临界的	可能潜在地使系统的性能、功能退化,但对系统没有没有损伤,对人身没有明显威胁和伤害	该伤害导致轻微的受伤,只需要一次性的医护治疗,很快康复
Ⅰ	轻微的	可能潜在使系统功能稍有退化,但对系统不会有损伤,不构成人身威胁和伤害	该事件不造成职业健康与安全方面的伤害

根据 GB/T 7826-2012,表6给出了 FMECA 分析过程中的失效模式可探测度等级分类。

表6　　　　　　　　　　　　失效模式的可探测度

等级	可探测度	评定标准
10	绝对不可能探测到	设计控制不会和/或不能探测到潜在失效原因/机理和引发的失效模式，或没设计控制
9	很极小	很有极小可能性探测到潜在失效原因/机理和引发的失效模式
8	极小	有极小的可能性探测到潜在失效原因/机理和引发的失效模式
7	很低	有很低的可能性探测到潜在失效原因/机理和引发的失效模式
6	低	有低的可能性探测到潜在失效原因/机理和引发的失效模式
5	中等	有中等的可能性探测到潜在失效原因/机理和引发的失效模式
4	较高	有较高的可能性探测到潜在失效原因/机理和引发的失效模式
3	高	有高的可能性探测到潜在失效原因/机理和引发的失效模式
2	很高	有很高的可能性探测到潜在失效原因/机理和引发的失效模式
1	几乎确定	几乎确定可探测到潜在失效原因/机理和引发的失效模式

3. 风险评价与预警

风险评估是一种系统的方法，包括风险识别、风险分析及风险评价。FMECA是一种识别各种潜在失效模式严重性并给出为降低风险所采取措施的方法。不同类型的FMECA对S、O和D定义了不同取值范围，本文采用广泛的工业设计和生产过程分析的FMECA，取值范围为1—10，RPN最大的取值是1000。关于RPN改进的标准，与行业有关，与企业的目标及成本效益计划有关。实际运用过程中，这一标准在60—150分不等。最严格的是摩托罗拉，定的是60分；北京现代定的是80分，大部分制造企业定的是100分（见表7）。

表7　　　　　　　　　　　　风险等级评定示例

RPN值	风险等级	描述	风险管控
>100	严重	该事件频发且高发，或导致的影响严重性等级很高	必须实施风险减缓措施，使该风险降低到可接受范围内，才可进一步使用该产品
60≤R<100	中等	该事件频发且导致的影响严重性等级在中级及以上	需要定期（间隔不能太久，如每周、每月等）实施风险减缓措施，使该风险降低到可接受范围

续表

RPN值	风险等级	描述	风险管控
1<R<60	一般	该事件偶发且导致的影响严重性等级在中级或以下	需要定期（允许有一段时间间隔，如一季度、一年等）实施风险减缓措施，使该风险降低到可接受范围
1≤R	可忽视的风险	该事件偶发且导致的影响严重性等级在轻级或以下	操作环境和流程需要保持住，以避免增加潜在的风险

另外，还有排序控制，即把RPN排在最前面的5个或10个因素作为改进对象，或按照80/20法则把排在前20%的因素作为改进对象。有的还设有单项判断指标，如S大于7，则即使RPN不高也必须改进。依据IEC 61062，确定该检测产品识别出的风险等级，并实施与风险管控相关的操作。

（五）监管绩效

市场监管的功能定位最终都将指向人民群众权利需求的实现。市场监管是否实现"良法善治"的判准，也是法治政府建设回应当下中国人民群众对更加美好生活需求的必然要求（王奇才，2022）。中国市场监管绩效考核，相较于计划经济时期内部软性监管考核，以及独立监管阶段的市场监管激励机制，新时期的市场监管机制更强调责任约束，监管问责被纳入领导干部考核，以确保有效落实监管执行工作（徐鸣，2019）。在监管问责制度下，市场的质量安全问题可依程序一查到底，这对监管主体和被监管对象都形成强力威慑作用。另外，基于风险视角的创新产品市场监管机制还促进了社会监督，公众的舆情、动态的满意度监测也辅助了监管绩效考核。

四 案例分析

（一）案例介绍

3D打印技术是一项起源于20世纪90年代中期的一种三维打印技术，属于快速成型技术的一种，又称增材制造，实际上是一种以数字模型文件为基础，运用粉末状金属或塑料等可黏合材料，通过逐层打印的方式来构造物体的技术。3D打印作为新的技术催生了个性化定制新产业的快速发展。同时，对传统制造业（如玩具生产、模型定制、假肢、服饰等）及服务业（物流、产品设计等）均有不同程度的影响，引发了新的生产模式和服务模式变革。其中，3D打印玩具笔和3D打印机作为创新产品，采用了

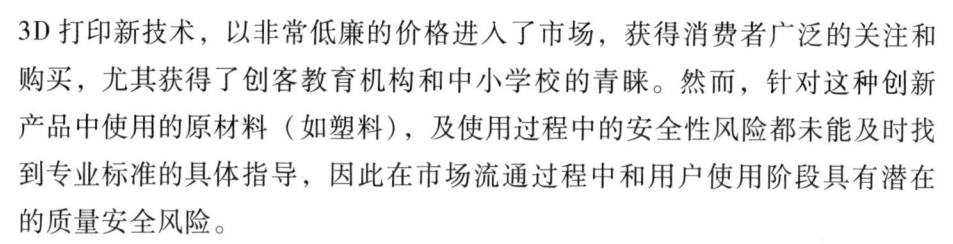

3D打印新技术,以非常低廉的价格进入了市场,获得消费者广泛的关注和购买,尤其获得了创客教育机构和中小学校的青睐。然而,针对这种创新产品中使用的原材料(如塑料),及使用过程中的安全性风险都未能及时找到专业标准的具体指导,因此在市场流通过程中和用户使用阶段具有潜在的质量安全风险。

(二)基于事前、事中、事后的创新产品风险评估

事前准入阶段,目前由于缺乏创新产品的限制性法律、法规和针对产品的技术标准,使3D打印笔在没有相关技术标准规范的约束下,直接进入了市场,并在市场广泛流通。

事中事后监管阶段,通过"双随机、一公开"市场抽检机制,经实地调研,目前市场常见品牌普遍使用PCL和PLA作为打印材料,平均月销量超过200件/月的品牌共有63个,最畅销的品牌销量达到了25000件/月。本文按照3D打印笔的市场月销售量进行排序,甄选出41个样本进行采购和质量安全的风险评估。检测的内容主要包括对3D打印笔和常用材料的两个方面的检测。

其中,依据41个样本的风险评估,样本出现频率最高的安全风险是导致潜在的化学性伤害,如材料使用过程中气体挥发产生烟雾、错误使用导致火灾和皮肤腐蚀、颗粒吸入导致慢性疾病、产品设计产生的坐姿不良,以及材料热熔产生的甲醛、乙醛气体,出现频率均为90%以上。考虑到几类风险的严酷度和可探测度,风险等级均为高风险,建议严格从法律、法规和技术标准层面进行规范和约束(见表8)。

样本出现频率最高的质量风险为缺失产品故障率信息、缺失备件故障率信息以及缺失关键备件材料,出现频率均为90%以上。考虑到几类风险的严酷度和可探测度,风险等级均为高风险,建议严格从法律、法规和技术标准层面进行规范和约束。

此外,有些样本出现频率在4.88%—34.1%,虽然出现频率不高,但是结合事件发生后,将产生严重性影响,其风险等级均为高风险。其中,质量风险事件为无产品追溯性管理信息(34.1%)、无售后点信息(12.2%)、无维修保障服务信息(9.76%)及无安全警告说明书(4.88%)。安全风险事件为使用过程中,因材料热熔引发的烫伤风险(17.1%)、触电风险(17.1%)和窒息风险(7.32%)。

表 8 针对有效失效模式的风险评估结果

风险识别			风险分析						风险评价		风险管控及市场监管建议
			可能性		严重性		预防性措施	可探测度 D	风险值	风险等级	
		有效的失效模式	样本出现频率	发生度 O	影响分析	严酷度 S					
有效的质量风险	可靠性	无产品质检合格证	4.88×10^{-02}	9	很轻微	2	合规性认证	3	54	一般	产品预警
		无产品故障率信息	9.51×10^{-01}	10	很轻微	2	无	10	200	严重	法律、法规及标准的约束与规范
		无备件故障率	9.51×10^{-01}	10	很轻微	2	无	10	200	严重	法律、法规及标准的约束与规范
	可用性	无操作说明书	7.32×10^{-02}	9	很轻微	2	合规性认证	3	54	一般	产品预警
		产品投诉率高	6.34×10^{-01}	10	用户不满	7	12315	1	70	中等	约谈相关厂家,提出整改要求
		负面的产品性能评价	5.85×10^{-01}	10	用户不满	7	12315、网络舆情	1	70	中等	约谈相关厂家,提出整改要求
	维护性	无维修说明书	7.32×10^{-02}	9	很轻微	2	合规性认证	3	54	一般	产品预警
		无安全警告说明书	4.88×10^{-02}	9	无警告的危险	10	合规性认证	3	270	严重	法律、法规及标准的约束与规范
		无可追溯性管理信息	3.41×10^{-01}	10	规定不符	9	合规性认证	3	270	严重	法律、法规及标准的约束与规范
		无维修保障服务信息	9.76×10^{-02}	9	用户不满	7	合规性认证	3	189	严重	法律、法规及标准的约束与规范
		无售后点信息	1.22×10^{-01}	10	用户不满	7	合规性认证	3	210	严重	法律、法规及标准的约束与规范
		无更新支持	6.59×10^{-01}	10	用户不满	7	无	10	700	严重	法律、法规及标准的约束与规范
		缺失关键备件材料	9.02×10^{-01}	10	75%用户感到不适	4	合规性认证	3	120	严重	法律、法规及标准的约束与规范

续表

风险识别		风险分析						风险评价		风险管控及市场监管建议
	有效的失效模式	可能性		严重性		预防性	可探测度 D	风险值	风险等级	
		样本出现频率	发生度 O	影响分析	严酷度 S	措施				
有效的安全风险	物理性伤害	窒息	$7.32×10^{-02}$	9	致命	10	安全警告说明书	8	720	严重	法律、法规及标准的约束与规范
		温度(烫伤)	$1.71×10^{-01}$	10	轻伤	4	安全警告说明书	8	320	严重	法律、法规及标准的约束与规范
		电击(触电)	$1.71×10^{-01}$	10	致命	10	安全警告说明书	8	800	严重	法律、法规及标准的约束与规范
		烟雾	1.00	10	慢性影响	4	无	10	400	严重	法律、法规及标准的约束与规范
	化学性伤害	气体(甲醛)	$9.02×10^{-01}$	9	慢性影响	4	无	10	360	严重	法律、法规及标准的约束与规范
		火灾	1.00	10	致命	10	安全警告说明书	8	800	严重	法律、法规及标准的约束与规范
		慢性疾病	1.00	10	慢性影响	4	无	10	400	严重	法律、法规及标准的约束与规范
		皮肤腐蚀	1.00	10	轻伤	4	安全警告说明书	8	320	严重	法律、法规及标准的约束与规范
	人体工学伤害	姿势不良	1.00	10	慢性影响	4	无	10	400	严重	法律、法规及标准的约束与规范

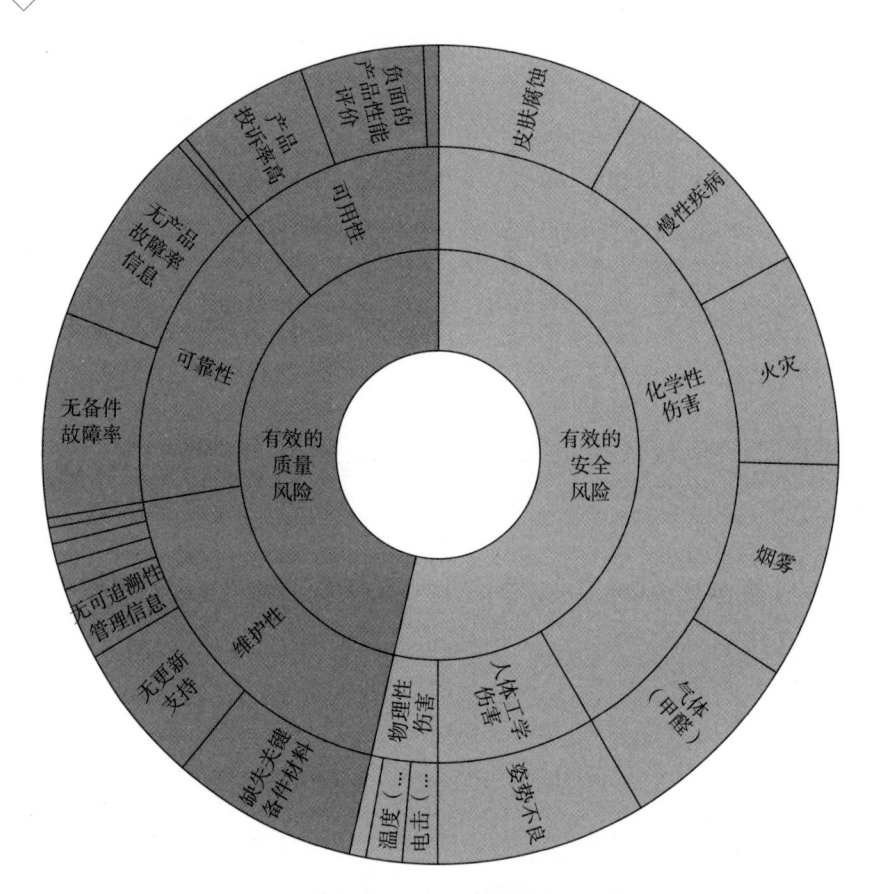

图 2　依样本出现频率的产品质量和安全风险评估结果

五　政策建议

(一) 加强政府服务功能，推动面向创新产品的柔性事前监管机制

市场调研发现，现行监管机制中，缺乏针对创新产品的法律、法规和技术标准约束，致使一些创新产品在缺乏产品质量和安全研判的前提下，大批量进入市场流通阶段。例如，3D 打印笔产品，还没有关于产品质量安全的风险识别，就已经在市场广泛流通了，最佳产品的月销售量可达到 25000 件。此外，企业由于畏惧抽检后的惩罚，面对市场监管主体，尽量掩饰问题，抗拒把真正问题暴露出来，致使创新产品带来的消费者安全风险骤升。通常是创新产品在市场流通一段时间后，通过消费者投诉、企业召回或"双随机、

一公开"的抽检时发生问题。因此，目前的创新产品非常依赖事中、事后的监管制度，一旦发生质量和安全事故，往往只能采取事后补救措施。

为应对创新产品的市场监管问题，建议监管主体要进一步加强政府服务功能，增强监管柔性。在事前监管阶段，监管主体主动为企业（尤其是中小企业）提供有利于市场准入的政府服务，包括法律、法规、技术标准的咨询服务，产品质量甄别信息的公开共享服务，以及引导企业与第三方开展针对创新产品质量的风险评估，为企业提供创新产品的风险识别、风险分析、风险评估结果和风险减缓建议，帮助企业实施创新产品质量提升，尽可能在事前监管阶段，将创新产品的质量安全问题控制在可接受范围内，以进一步推动创新市场的可持续发展。

（二）数字赋能，建立健全面向创新产品的动态事中事后监管机制

产品质量风险识别涉及产品质量和产品安全两个方面。传统的刚性监管制度通常是针对产品和服务的质量安全标准研制、产品认证、审查、抽检、行政处罚、产品召回等制度。动态的产品质量和安全风险评估与预警机制将有别于传统监管方法和技术，成为支撑柔性监管的新的监管方法，可以辅助刚性监管，未来可借助数智化和信息可视化技术，实现动态的全过程监管。

建议建立健全基于风险视角的面向创新产品的动态事中、事后监管机制。动态的产品质量和安全风险评估与预警机制包括风险识别、风险分析和风险评价、风险预警与风险交流五个内容。首先，通过技术标准，明确创新产品质量和安全风险识别的指标体系。例如，产品可信性描述了产品性能好坏，旨在确保产品生命周期各阶段（设计、制造、使用、废弃）的可靠性、可用性和维护性。通过实施产品可信性分析，能够实现对产品潜在质量问题的风险识别。安全性指标体系旨在产品在其全生命周期内不会造成物理性、化学性、生物性和人体功效学伤害的系统指标。其次，用技术标准规范风险分析的方法和流程，明确风险事件的有效性判定标准，风险事件的出现频率与概率计算方法，事故发生后果的严重性等级研判标准。最后，通过法律法规，规范创新产品准入、事中、事后监管的具体要求，建立健全有效的第三方风险评估机制、面向创新产品的政府服务规范和要求，基于风险研判的预警、管控和公众交流的社会监督机制。

参考文献

［美］拉塞尔·M. 林登：《无缝隙政府》，汪大海译，中国人民大学出版社2002年版。

安森东：《市场监管现代化：问题与破题》，《行政管理改革》2022年第5期。

蔡志强等：《基于FMECA的复杂装备故障预测贝叶斯网络建模》，《系统工程理论与实践》2013年第1期。

陈丰云等：《基于柔性监管的食品安全风险监测研究》，《食品安全质量检测学报》2019年第12期。

陈建华、肖东生：《风险识别方法在组织创新中的应用研究》，《技术经济与管理研究》2005年第2期。

单晓红等：《在线产品评论有用性识别方法研究》，《北京工业大学学报》（社会科学版）2018年第5期。

顾煜：《强化市场监管维护市场秩序》，《商业研究》2000年第9期。

韩保庆、彭五堂：《市场监管怎样助力构建新发展格局》，《当代经济管理》2022年第4期。

霍龙霞、徐国冲：《走向合作监管：改革开放以来中国食品安全监管方式的演变逻辑——基于438份中央政策文本的内容分析（1979—2017）》，《公共管理评论》2020年第1期。

克劳斯·施瓦布：《第四次工业革命转型的力量》，中信出版社2016年版。

刘然、朱丽霞：《市场失灵与政府进入》，《社会主义研究》2004年第2期。

刘耀东、杜雅君：《"双随机、一公开"监管模式的治理逻辑与优化路径》，《学术研究》2022年第5期。

曲崇明：《"四新经济"的监管：新理念与新模式》，《中共青岛市委党校·青岛行政学院学报》2019年第5期。

申得济等：《LNG供应链可靠性、可用性和可维修性（RAM）分析》，《中国石油和化工标准与质量》2022年第1期。

石泽杰：《商业模式创新设计路线图》，中国经济出版社2018年版。

王丛虎、侯宝柱：《模糊性市场准入政策：博弈、网络结构与执行机制——基于公共资源交易领域政策执行的考察》，《北京行政学院学报》2022年第4期。

王克稳：《论市场监管事权的纵向分配》，《苏州大学学报》（社会科学版）2021年第6期。

王奇才：《"放管服"改革中的行政许可：功能定位与制度衔接》，《福建师范大学学报》（哲学社会科学版）2022 年第 2 期。

王淑梅、侯伟：《关于〈海商法〉修改的几点意见》，《中国海商法研究》2017 年第 3 期。

肖志兴、宋晶：《政府监管理论与政策》，东北财经大学出版社 2006 年版。

徐凤：《数字经济背景下数字顾问的市场准入》，《暨南学报》（哲学社会科学版）2022 年第 9 期。

徐鸣：《监管限度内中国监管绩效评价体系的构建研究》，《当代经济管理》2019 年第 7 期。

许述剑等：《基于可靠性模型的 RAM 技术在 FCC 装置的应用》，《安全、健康和环境》2015 年第 11 期。

张韩等：《市场准入管制放松与供给侧去产能——基于负面清单制度试点的准自然实验》，《财经研究》2021 年第 7 期。

张红凤、杨慧：《西方国家政府规制变迁与中国政府规制改革》，经济科学出版社 2007 年版。

赵丙奇、章合杰：《数字农产品追溯体系的运行机理和实施模式研究》，《农业经济问题》2021 年第 8 期。

植草益：《微观规制经济学》，朱绍文、胡欣欣等译，中国发展出版社 1992 年版。

面向材料质检平台建设的数字政府质量监管技术研究[*]

耿 洁 姜 博[**]

摘 要 市场监管的质量基础设施是以市场监管技术机构为依托,融合计量、标准、检验检测、认证认可、质量管理等服务,通过互联网、物联网、大数据和云计算等信息技术,面向企业、产业、区域特别是中小企业提供全链条、全方位、全过程质量基础设施综合服务。检验检测服务,作为质量基础设施的重要环节,由于检测内容的专业性和产品的多样化,数智化的检验检测服务模式仍处于起步阶段,本文旨在针对创新产品在市场准入、市场流通环节的质量安全风险,通过探究面向材料质检的数智化基础设施建设的实现路径,利用自然语言分析和深度学习技术,构建动态识别关键材料质检风险的指标体系,并提出实现材料质检动态风险预评估的实现方法,为服务型政府在数智化的检验检测服务能效方面提供理论和实践经验。

关键词 服务型政府;政务服务数智化;市场监管;智慧政府

一 引言

(一)研究背景

随着大数据、物联网等新技术的快速发展,政府的公共服务正在从数字化走向数智化,即"智能模块集成化、需求响应人性化"的智慧政府阶段。

---

[*] 浙江省市场监管局 NQI 项目,编号:20200102;辽宁省哲学社会科学青年人才培养对象委托课题,编号:2022lslwtkt-046。

[**] 耿洁,浙江财经大学中国政府管制研究院助理研究员;姜博,沈阳工程学院经济管理与法学院副教授。

作为智慧城市的一个重要组成部分，智慧政府旨在跨领域和司法管辖区提供服务时，强调政府要能够实现以民为中心（尚珊珊和杜娟，2019），强调以人民需求为中心的政府服务功能（胡漠等，2020）。智慧政府由技术（系统和基础设施）、人（公民参与）和制度（政府和组织）三个核心部分组成（于跃，2019），通过"感知化""互联化""智能化"方式高度协调社会治理功能，提高政府效能（朱仁显和樊山峰，2022）。

市场监管的质量基础设施"一站式"服务是以市场监管技术机构，特别是产业集聚地国家和省级质检中心为依托，融合计量、标准、检验检测、认证认可、质量管理等服务，以及知识产权、品牌建设等市场监管部门职能，通过运用以互联网、物联网、大数据和云计算等新一代核心信息技术，面向企业、产业、区域特别是中小企业提供的全链条、全方位、全过程质量基础设施综合服务（安森东，2022），具有迫切的社会需求。目前，中国市场监管的主管部门是国家市场监督管理总局。依据《中华人民共和国产品质量法》《中华人民共和国标准化法》《产品质量监督抽查管理办法》《中华人民共和国消费者权益保护法》等国家法律法规，对市场中流通的产品和服务质量实行以抽检制度为主要方式的监督检查机制，如"双随机一公开"制度。然而，抽检过程中，由于担心被惩罚，企业往往不愿主动配合。此外，一些中小企业，由于缺乏对政府信息的关注，对产品进行市场阶段所需的认证认可、质量检测、质量鉴定、设备校准、标准化工作等，即使认识到其重要性，苦于不能有效找到具有资质的服务机构，或通过中介提高了企业成本，或直接省去了质量把控的关键流程，导致市场流通过程中出现了各种质量问题，进而直接影响到市场监管的效能。

检验检测服务，作为市场监管的质量基础设施"一站式"服务的重要环节，由于检测技术的专业性和产品种类的多样化，数智化的检验检测服务模式仍处于起步阶段，目前仍是针对检验检测中心的核心服务和联系方式的互联网页面宣传，数智化的检验检测服务功能一直是有待解决的问题与监管技术挑战。

另外，新技术不断催生新的产品，面向市场应用广、发展潜力大的战略性新兴产业和智能制造、新材料和人工智能等领域，由于缺乏前瞻性的产品标准，致使新产品由于缺失标准，直接进入市场而引发潜在的质量安全问题（张国山等，2019）。虽然事后监管机制能够通过召回制度开展产品召回工作，但是给消费者带来的健康安全伤害和社会环境影响是难以弥补的。因此，针对新产品市场准入期的检验检测和风险预警也是市场监管面临的重要挑战。

（二）研究问题

在此研究背景下，本文提出以下三个问题：

（1）面向材料质检的数智化基础设施建设的实现路径是怎样的？

（2）动态识别创新产品的关键材料质检风险的指标体系是怎样的？

（3）如何实现动态的材料质检风险预评估？

二 文献综述

（一）服务型政府

服务型政府是以公民本位、社会本位为理念，通过法定程序，按照公民意志组建的以"为人民服务"为宗旨并承担着服务责任的政府（薄贵利和吕毅品，2020）。"以人为本""执政为民"是服务型政府的治理理念。由"全能政府"向"有限政府"转变是服务型政府的发展目标。"依法行政"是服务型政府的行为准则。"顾客导向"是服务型政府的服务模式。在中国，《中华人民共和国宪法》《中华人民共和国行政许可法》等有关法律和政策规定，为创建服务型政府提供了充分依据，各地在建设服务型政府过程中作了许多有益探索（夏志强和李天兵，2021）。

张立荣和曾维和提到，在构建全球化经济和和谐社会进程中，中国与西方国家具有相同时代背景和发展诉求。系统分析西方"整体政府"公共服务模式的缘起与发展、要义与特征以及模型与机理，对于中国服务型政府建设和公共服务体系改革具有重要启示和借鉴意义（韩兆柱和翟文康，2016）。国际上，包括加拿大、澳大利亚、新西兰、荷兰、日本等国都掀起了建设服务型政府的浪潮。归纳而言，当代西方国家政府再造的基本内容可以归纳为三个方面：第一，社会、市场管理与政府职能的优化。第二，社会力量的利用和公共服务社会化。第三，政府部门内部的管理体制改革。这种"整体政府"公共服务模式的一个突出特点是进行公共服务供给方式创新，即通过发展知识和信息公开共享策略，增进公共服务中各供给主体间持续地进行知识和信息交换与共享，形成科学的协同工作模式，以为公众提供整合型政府公共服务（谢新水，2018）。事实上，数字化政府能有效响应这一需求，实现"高效的办公，科学的决策，精准的管理"（吴金群和刘花花，2021）。

（二）从数字化政府到数智化政府

在"互联网+"的推动下，中国的数字政府发展经历了三个阶段（张建光等，2015）：第一阶段是数字政府，实现了政府门户网站及政府信息公开等功能，正式将政府工作进展、通知通告、工作流程等信息通过网络向公众开放，增强了政府工作的公开透明度。第二阶段是移动政府，实现了互联网背景下的"一站式"政务服务，突破了时间、空间和地域的限制，例如"最多跑一次"，为公众提供了便捷的政务服务，增强了政府工作的效能。第三阶段是智慧政府，也是中国数字政府目前正处于的发展阶段，以实现万物互联互动、万物互通互融。通过智能模块集成化融入政府服务，深刻改变政府治理模式，为群众参与国家发展、社会公共服务提供机会（于跃和王庆华，2019），更好地推动社会监督，推动政府机构和利益相关者在相关领域中开展积极合作（殷剑，2017）。

2014年国家发改委明确提出了中国"智慧城市"的发展目标是整合各类信息资源，提高城市管理和服务水平，促进产业转型升级（Lin，2018）。中国政府于2015年已经将"智慧城市"项目提升到重点发展战略地位（汤蕙溶等，2021）。城市治理的数字化转型，不仅可以提升城市治理能力和公共服务水平，还能促进数字技术发展和推动组织与社会数字化转型。最新的数字化政府依托大数据管理技术，可以有效调配公共物资，并保障公共物资的供给，极大地提高了物资供应的精准性；此外，数字化服务型政府还进一步保障了监管透明性，因为电子政务的业务流程中，数据可实时进行监测，每个环节的录入和审核过程都有迹可循，也极大地减少了监管缝隙，增加业务流程监督的透明性（Johnston and Hansen，2011）。同时，智慧政府的各项决策也可以由政府的其他部门进行辅助决策，这将会间接地导致立法和司法部门的政策制定更加的"智慧"（徐振强，2017）。重要的是，智慧政府提供了一个能够相互关联城市所有职能的复杂的治理方法（朱仁显和樊山峰，2022）。

（三）市场监管的质量基础设施数智化建设

市场监管指政府行政机构依法采用行政手段、准立法或准司法手段（肖志兴和宋晶，2006），对市场失灵回应的行政监管工作，包括微观经济无效率——自然垄断、外部性、公共品、信息不对称、产品安全性、有效性、潜在质量等问题的社会不公平。国家市场监督管理总局是中国政府行政主体。目前中国市场监管机制主要体现为事前、事中和事后三个层面的监管机制设计。事前监管主要指市场准入阶段，行政主管部门对市场主体的准入限制。常见的监管方法包括依据反垄断法对不正当交易或非法持有或贩卖毒品等法律限制，企业市场准入环节的商事登记、许可、认可、执照、承认、申报等的许可认可制度。事中监管指进入市场后，行政主管部门对市场主体，及其市场运行过程的监管。常见的监管方法包括对产品、服务质量安全的标准、认证、审查、检验制度。事后监管指市场交易完成后，行政主管部门对市场主体，及其售后维护的监管，包括质量投诉、产品召回、行政处罚制度。

三 面向材料质检的数智化质量基础设施的实现路径

（一）面向材料质检的数智化质量基础设施的理论框架

质量基础设施"一站式"服务的推进进一步体现了中国以公民本位、社会本位理念指导下服务型政府的转型。通过统筹协调各类校准、检测、认证、质量管理等技术服务，推动实现"一个标准、一次合格评定、一个结果、多方互认共享"，最大限度提高企业运行效率、降低企业成本。

在政府层面，通过智慧技术，将市场中利益相关者（多个协同主管部门、第三方支持机构、企业、消费者、公众等）联系到一起。基于服务型政府理念，以现代化技术为驱动，技术服务于管理，以服务代替管制，促使产品质量风险信息更加透明、可控，促使企业和公众更加依赖、信赖政府，愿意主动公开产品和服务的质量信息，接受政府指导，最终实现整个市场经济的和谐、可持续发展。此外，多个监管主体在质量基础设施平台中公开共享监管信息（例如抽检结果等）更有利于多部门协同监管，为市场质量风险预警的公共交流提供支持与服务，进一步促进政府的服务性功能。

第三方检测技术机构，不同于政府履行行政管理职能，其强调技术服务功能。通过在"一站式"质量基础设施平台提供计量、标准、认证认可、检验检测、质量管理等产品质量鉴定的技术支持，建立起政府（落实法律法规等市场约束）与企业（产品与服务的有效市场流通）之间的桥梁。

从企业层面，积极主动地参与多方协同、具有公共服务属性的质量基础设施平台，一方面，可以得益于政府共享的法律、法规、政策、标准，第三方检测技术机构共享的技术服务信息，指导企业的战略发展、新市场竞争策略、新产品的合规性设计、常规产品的质量管控，促使企业更愿意与政府、第三方合作，分享企业遇到的问题。另一方面，企业通过质量基础设施平台与消费者分享产品的质量风险信息，有助于消费者对该企业的认知度和信任度的提升，更有效扩展了企业的市场知名度、公信力和竞争力。

在消费者和公众层面，公共服务平台为消费者提供了产品或服务的官方评价、质量监测、质量风险甄别和预警等信息，有效地保护了消费者权益和公共的知情权。此外，消费者和公众通过公共服务平台实时上报所发现的产品质量风险问题，实现市场的风险交流和社会监督。

基于利益相关者的需求分析，面向化学品质检的数智化质量基础设施的功能实现应包含（见图1）：①面向市场准入的创新产品核心材料报备。②单个材料的健康、环境、安全风险预评估。③多个材料物理化学反应的风险预评估。④面向材料质检的创新产品市场准入的决策与研判。

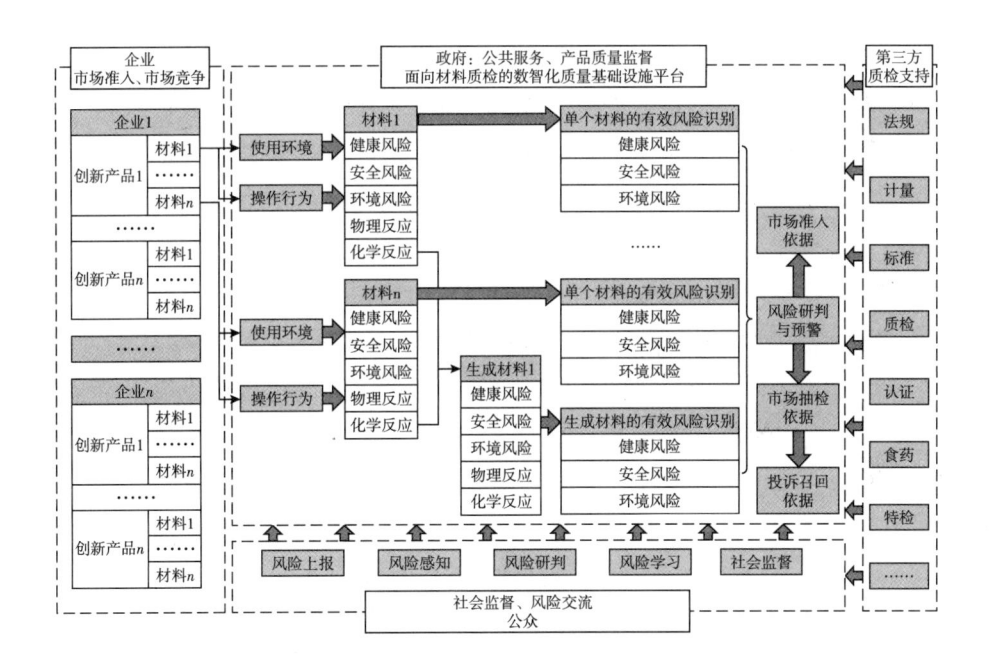

图1 基于利益相关者需求的数智化质量基础设施建设的理论框架

资料来源：笔者根据文献逻辑归纳整理。

（二）面向市场准入的创新产品核心材料报备

考虑到任意产品，无论创新产品还是传统产品，均是由材料、外观、用户操作几个方面构成的。本文旨在打破以产品标准的质检模式，针对组成任意产品的核心材料、产品操作、产品外观、使用环境实施市场准入前的报备，开展面向材料质检的风险预评估和市场准入的研判，进而实现在缺失产品标准的情境下保障消费者权益。

（三）单个材料的健康、环境、安全风险预评估

基于创新产品的核心材料报备，面向材料质检的数智化质量基础设施通过材料数据库自动检索、匹配，识别出单个材料的健康风险、环境风险和安全风险。根据企业报备的产品使用环境参数和关键操作，识别风险的有效性。其中，安全与健康风险主要包含对使用者造成潜在的物理伤害、化学伤害、生物伤害和人体功效学伤害。环境风险主要依据环境影响评价的指标体系，包含产品全生命周期内（设计、生产、流通、废弃）对环境可能造成的水土流失与污染、大气污染、噪声污染、固体废弃物等垃圾、生态环境破坏五个方面的负面影响。

（四）多材料物理化学反应的风险预评估

由于材料复杂的物理化学性质，单个产品在特定使用环境和操作过程中，经材料产生物理化学反应，进而生成新的生成材料，也会存在潜在的质量和安全风险。因此，通过企业报备的材料、使用环境和操作，数智化平台应能够进一步识别出相关的物理化学反应生成材料，再通过单个生成后的材料的健康、环境和安全风险识别，为行政管理人员研判该创新产品能否通过市场准入要求提供技术支持和依据。

（五）面向材料质检的创新产品市场准入的决策与研判

为了实现上述监管技术的功能，政府的责任主管部门需要提供一个连接各利益相关方的公共服务平台，即面向材料质检的质量基础设施。使这个公共服务平台科学有效的运维，政府各协同主管部门需要在平台上公开共享相关的法律、法规、政策的实时信息，并提供给企业市场准入的产品和材料的申报窗口，以及消费者和公众的风险信息交流窗口。

第三方质检机构，例如检验检测和产品召回机构需要提供实时的材料风险信息数据库的更新与运维，计量和标准研制机构提供技术标准规范，认证认可机构提供认证咨询服务窗口和基于材料的产品认证认可信息。

在此基础上，经企业申报的材料信息风险与平台数据库信息智能化匹配、识别和分析，生成面向产品材料的风险预评估结果报告，政府行政管理人员依法依标准，研判该产品是否满足市场准入的基本要求。同时，该质量基础设施还可作为市场流通过程中，产品抽检、产品召回的社会风险交流与技术支持。

三 研究方法

图 2 展示了本文的技术路线。本次研究首先调研并收集了国内外官方和市场通用的面向材料质检的公开数据库,通过关键词提取与匹配,生成面向创

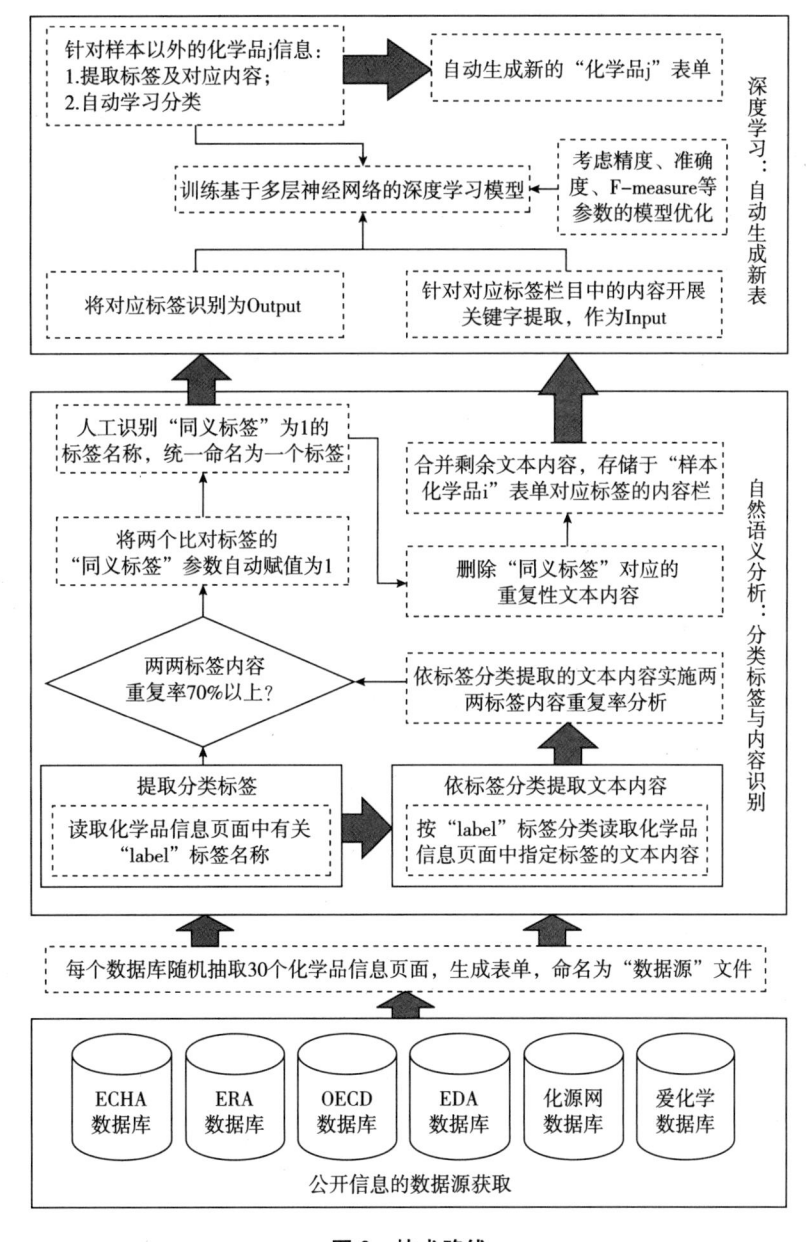

图 2 技术路线

资料来源:笔者根据文献资料逻辑归纳。

新产品材料质检的指标体系。其次，采用深度学习的方法，将单个材料的环境风险、安全风险、健康风险、相关物理化学反应的生成物进行识别与分类，形成面向材料的自动识别质量安全风险的数智化数据库。最后，通过数据可视化平台动态展示风险研判的进展和结果，形成多方利益相关者共创共享的公共风险交流与服务平台。

（一）数据源的识别与收集

面向核心材料的数据源收集旨在构建材料风险信息的元数据库。依据可查阅到公开的化学品风险信息数据库，国际经济合作与发展组织（OECD）、欧洲化学品管理局（ECHA）、美国食药总局（FDA）、美国环境总署（EPA）、中国化源网和中国爱化学网有关化学品材料的基本信息和风险信息作为元数据被收集到数据库以支持深入的数智化分析工作。本文拟从每个公开数据库随机获取 30 个化学品的信息页面为样本数据，共 180 份化学品风险的页面文本信息形成一份数据源文件。通过关键词提取方法，提取分类标签，训练基于多层神经网络的深度学习模型，以支持样本以外化学品风险信息的自动识别、分类、存储、风险分析与研判。

（二）关键词提取方法

在本文中，关键词提取旨在针对各材料样本信息对应的分类标签，析出标签内容的关键词，并存储于"去重表"数据表中，开展两两标签内容的关键词对比分析，识别重复率大于 70% 的标签内容对应的标签为"同义标签"，设置其参数为 1。待所有标签内容比对完成后，生成"同义标签"表单，人工为同义标签重命名为材料性质的新标签。

关键词提取旨在把整篇文章中意义最相关的一组词组识别并提取出来，在自然语义分析中实现文本聚类、分类、自动摘要等技术起到关键作用。从算法角度分析，关键词提取分为两类，有监督和无监督的学习算法。无监督的学习算法应用于本研究中。无监督的学习算法用于材料信息页面中对应标签内容的提炼、重复内容比对、同义质检标签识别过程中。TextRank 算法应用于本文中，即如果文本中两个语法单元存在共现语法关系，则这两个语法单元在图中就会有一条边相互连接，通过一定的迭代次数，最终不同节点产生不同权重，权重高的语法单元被自动识别为关键词。TextRank 迭代计算公式为：

$$WS(V_i) = (1-d) + d \times \sum Vj \in In(V_i) \frac{w_{ji}}{\sum V_k \in Out(V_j^w)jk} \times WS(V_j)$$

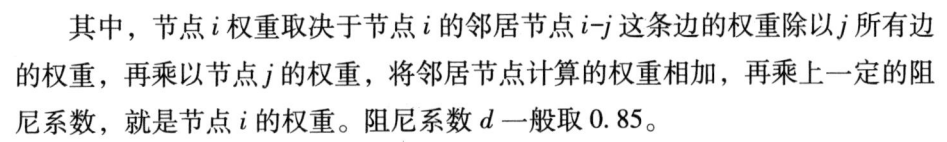

其中，节点 i 权重取决于节点 i 的邻居节点 i-j 这条边的权重除以 j 所有边的权重，再乘以节点 j 的权重，将邻居节点计算的权重相加，再乘上一定的阻尼系数，就是节点 i 的权重。阻尼系数 d 一般取 0.85。

（三）深度学习方法

深度学习方法是机器学习的重要方法，核心是学习样本数据（文字，图像和声音等）内在规律及模式识别。基于多层神经元的自编码神经网络，通过多层处理，逐渐将"低层"特征转化为"高层"特征，用简单模型完成复杂分类等学习任务，即"特征学习"。本文将 TextRank 算法提取的关键词作为输入端，关键词对应的材料质检标签作为输出端，以有监督学习为基础的卷积神经网络结合自编码神经网络进行无监督的特征学习模型训练，生成标签内容自分类器，当新的文本作为新的输入时，分类器自动识别材料质检标签对应的内容，将内容与材料质检同义标签关联，并将内容分类到对应的同义标签内容中，以实现样本材料信息页面以外的数据库材料信息的自动提取与分类工作。

（四）数字可视化

数字可视化是服务型政府数智化建设的重要表现方式，通过可视化的数据展示、解释、说明，以及鼓励公众参与的互联网平台，实现实时、共创的社会监督。

四 结果分析

（一）基于关键词提取技术的材料质检指标体系构建

材料质检指标体系用于生成面向材料质检的质量基础设施的元数据库，经企业申报产品的材料的 CAS 编号等信息后，材料信息经元数据库能够快速识别单个材料的安全、健康和环境风险。

本次研究通过对 OECD（Organization for Economic Cooperation and Development，世界经济合作与发展组织）、ECHA（European Chemicals Agency，欧洲化学品管理局）、FDA（United States Food and Drug Administration，美国食品药品监督管理局）、EPA（United States Environmental Protection Agency，美国国家环境保护局）、化源网和爱化学网对公开的材料信息进行检索，随机抽取了 180 个材料样本的网页信息的标签提取，获得总标签数 83 个。经对比、去重、重新命名为统一标签后，析出一个由 4 个一级指标和 13 个二级标签构成的面向材料质检的指标体系，用于身份识别、质量检测、安全检测和认证认可信息的数智化分析与共享（见图3）。

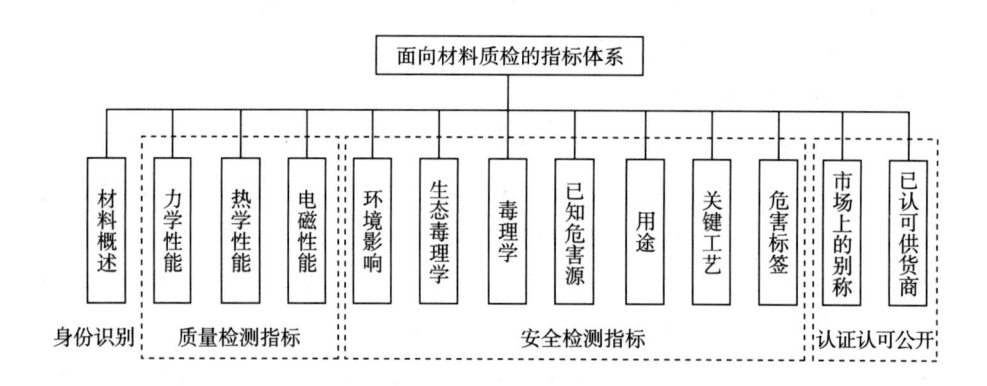

图3　面向材料质检指标体系的生成结果

资料来源：笔者根据文献逻辑归纳整理。

1. 身份识别指标

身份识别指标旨在材料的身份识别、检索、分类功能。基于标签文本信息的提取、去重与比对，只析出1个二级指标，即材料概述指标。材料概述指标包含了材料名称、中文全称、英文全称、分子式、CAS登录号、EINECS登录号、构成成分、基本信息（密度、分子量、沸点、熔点、闪电等）、典型特征8个标签。其中，CAS登录号是某种物质（包括化合物、高分子材料、生物序列、混合物或合金）的唯一数字识别号码，普遍用于全球化学数据库的物质信息检索。EINECS登录号，也称EC编号，是欧洲经济共同体对化学品的登录编号，可满足外贸企业的服务需求。

2. 质量检测指标

质量检测指标旨在识别产品材料的质量信息是否达到了相关标准和要求。本次研究共计析出3个二级指标，分别为力学性能、热学性能、电磁性能。力学性能包括相对密度、吸水率、耐油性、强度、韧性、冲击强度、耐磨性、耐蠕变性、弯曲强度、压缩强度10个标签。热学性能包括受温度影响程度、适用温度、热变形温度、塑料成型温度、树脂分解温度、熔融温度、氧指数、易燃性、燃烧状态9个标签。电磁性能目前析出绝缘性标签1个。

3. 安全检测指标

安全检测指标旨在结合企业申报的产品使用环境信息（如室内外环境、温度、湿度等）和用户操作信息，识别产品核心材料的有效环境、安全和健康风险。本次研究共计析出 7 个二级指标，分别为环境影响、生态毒理学、毒理学、已知危害源、用于、关键工艺和危害标签。其中，环境影响包含了水土污染、噪声污染、大气污染、生态环境和固废污染 5 个方面以及生态毒理学的描述性分析。健康风险主要涉及毒理学的描述性分析，包括急性中毒、腐蚀性研究、累积剂量毒性研究、遗传毒理学研究结果 4 个标签。安全风险主要包括了已知危害源（个人、专业人员、工厂环境等）和危害标签。危害标签主要析出了欧盟的物质风险类别（见附表 1）和《全球化学品统一分类和标签制度》（GHS）。其中，GHS 是由联合国制定，旨在指导各国控制化学品危害和保护人类和环境的统一分类制度。GHS 包括健康、物理和环境三大危害。物理危害细分为 16 小项，爆炸物、发火液体、易燃气体、发火固体等；健康危害又细分为 10 小项：急性毒性、生殖毒性、皮肤腐蚀/刺激、致癌性等；环境危害仅分为 2 小项，危害水生环境和危害臭氧层。

4. 认证认可公开指标

认证认可公开指标旨在支撑认证认可机构，面向社会公众提供有效的已认可供货商和已认可的该类产品供货商信息。一方面用于认证认可的官方信息公开共享；另一方面促进针对供应商的社会监督和科学的市场竞争指导。

（二）基于深度学习的面向材料质检的数智化系统构建

基于深度学习算法，将 180 个材料样本的单个材料环境风险、安全风险、健康风险、相关物理化学反应的生成物进行识别与分类，形成面向材料的自动识别质量安全风险的数智化数据库。每个收集到的材料信息按照图 3 经自然语义分析构建的指标体系分类整理。通过匹配企业申报的产品关键材料，首先，实现单个关键材料的环境、安全和健康风险识别。其次，通过企业申报的产品使用环境和关键操作，识别风险的有效性。最后，考虑到单个材料或多个材料在不同操作环境下能够产生物理化学反应物，新的反应物将被系统识别出来，并通过单个检索反应物的风险信息，再次识别特殊操作环境下的反应物质检风险（见图 4）。

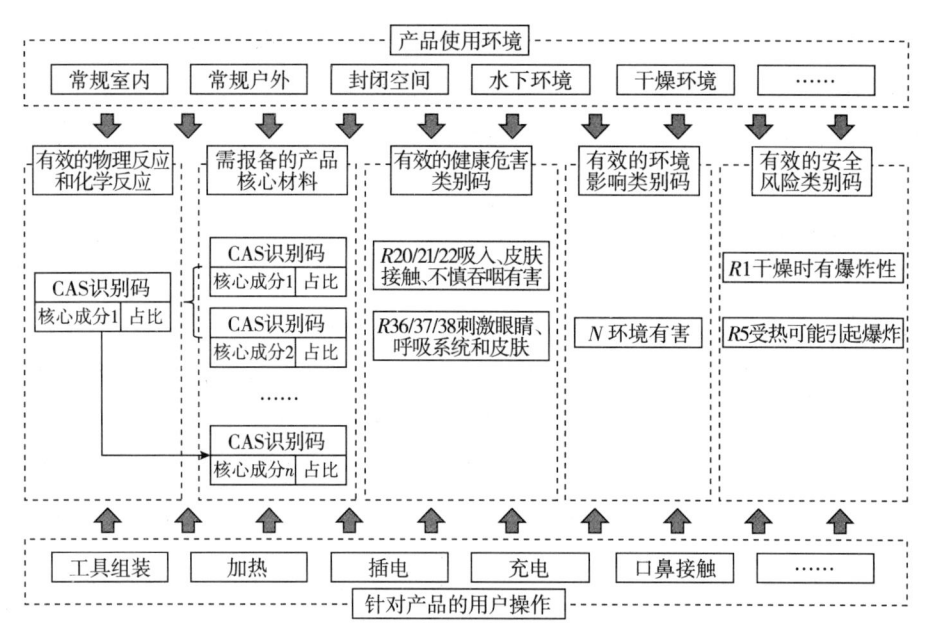

图4 基于深度学习的面向材料质检的数智化系统构建

五 案例分析

（一）案例介绍

3D打印技术是一项起源于20世纪90年代中期的一种三维打印技术，属于快速成型技术的一种，又称增材制造，实际上是一种以数字模型文件为基础，运用粉末状金属或塑料等可黏合材料，通过逐层打印的方式来构造物体的技术。3D打印通常是采用数字技术材料打印机来实现的，主要应用在工业制造、文化创意、国防事业、生物医疗、建筑工程、教育领域。目前，已实现商品化的3D打印机共涵盖了光固化成形（SLA）、选择性激光烧结（SLS）、材料喷射（3DP）、分层实体成型（LOM）、熔融沉积成型（FDM）等工艺。常用的材料主要包括聚乳酸（PLA）、聚己内酯（PCL）和丙烯腈-丁二烯-苯乙烯（ABS）等材料。

ABS塑料是丙烯腈（A）-丁二烯（B）-苯乙烯（S）的三元共聚物（见图5）。它综合了三种组分的性能，拉伸强度达到42.6MPA，具有高的硬度和强度、耐热性和耐腐蚀性；具有抗冲击性和韧性；具有表面高光泽性、易着色性和易加工性。由于ABS室温浸水一年吸水率不超过1%，具有优良的综合物理和机械性能，较好的低温抗冲击性能。

ABS

上次更新时间	2022/10/20		

材料名称	ABS	主要成分	
中文全称	丙烯腈-丁二烯-苯乙烯共聚物	丙烯腈	15%—35%
英文全称	Acrylonitrile Butadiene Styrene	丁二烯	5%—30%
分子式	（C8H8.C4H6.C3H3N）x	苯乙烯	40%—60%
CAS登录号	9003-56-9	乳液法	A:B:S=22:17:61
EINECS登录号	618-371-8		
典型特性	高硬度、高强度、抗冲击性、耐热性、耐腐蚀性、耐低温		

安全信息		基本信息	
安全性描述	S36：穿戴合适的防护服装	密度	1.05g/mL at 25℃
危险品标志	Xn：有害物质	分子量	211.302
危险类别码	R20/21/22：吸入、皮肤接触和不慎吞咽有害	沸点	145.2℃ at 760mmHg
	R36/37/38：刺激眼睛、呼吸系统和皮肤	熔点	58.54 (±0.5) ℃
GHS风险描述		闪点	N/A

力学性能		热学性能	
相对密度	1.05	受温度影响	较大。耐热性较差
吸水率	低。室温浸水一年吸水率不超过1%	适用温度	可适用于极低温环境，-40℃—100℃
耐油性	好。可用于中等载荷和转速的轴承	热变形温度	93℃—118℃
强度	高	塑料成形温度	180℃—250℃
韧性	好	树脂分解温度	240℃及以上
冲击强度	极好	熔融温度	217℃—237℃
耐磨性	良好	氧指数	18℃—20
耐蠕变性	比PSF及PC大，但比PA及POM小	易燃性	易燃聚合物
弯曲强度	属塑料中较差的类型	燃烧	火焰呈黄色，有黑烟，有特殊味道
压缩强度	属塑料中较差的类型		

电磁性能		环境影响	
绝缘性	较好，几乎不受温度、湿度和频率影响	溶于水	否
		溶于酮类	是
		溶于醛类	是
		溶于氯代烃	是
		与无机盐反应	否
		与碱醇类反应	否
		与烃类溶剂反应	否
		与冰乙酸反应	是
		与植物油反应	是

用途

项目	内容	参考指标	列2	列3
用途1	热塑性塑料，木材代用品和建筑材料			
用途2	易于表面印刷、涂层和镀层处理			
应用领域大类	制造工业及化工			
应用领域子类	机械、电气、纺织、汽车、飞机、轮船			
注射工艺制品	壳体、箱体、零部件、玩具			

图5　经系统自动识别单个材料的质量安全风险

（二）面向材料质量安全风险的数智化分析结果

1. 经系统自动识别单个材料质量风险的分析结果

经单个材料质量风险的系统识别，结果显示 ABS 材料为有害材料分类，其危险品标志为 R20/21/22，即具有吸入性风险、皮肤接触性风险和不慎吞咽性风险。此外，ABS 还具有危险品标志 R36/37/38，即刺激眼睛、呼吸系统和皮肤。因此，使用 ABS 材料的产品用户需要注意穿戴合适的防护服（安全性描述 S36）。依据有效风险类型造成的用户健康和安全的严重性研判，风险等级在中高风险（见表1）。

表1　经系统自动识别单个材料质量风险的分析结果

风险识别	风险有效性分析	风险预评估	风险减缓
吸入性风险	热熔操作时有效	高风险	注意穿戴合适的防护服
皮肤接触性风险	热熔操作时有效	中风险	
不慎吞咽性风险	常规操作时有效	高风险	
刺激眼睛	热熔操作时有效	中风险	

2. 物理化学反应生成物的质量风险分析结果

由于 ABS 由丙烯腈（C3H3N）分子质量53、丁二烯（C4H6）分子质量54、苯乙烯（C8H8）分子质量104，经这三种物质材料与企业申报的产品使用环境（电热熔环境）和操作进行风险识别（见表2）。

表2　经物理化学反应生成物的质量风险分析结果

单个材料	生成物	风险有效性识别	风险分析	风险预评估
丙烯腈（C3H3N）	C2H2（26）	在此温度区间可发生：389℃—450℃	材料废弃阶段，市政垃圾焚烧时导致环境污染	低
	CHN（27）			低
	C4H2（50）			低
	C3HN（51）			低
	C4H4（52）			低
丁二烯（C4H6）	C2H2（26）	在此温度区间可发生：407℃—443℃ 742℃—795℃	材料废弃阶段，市政垃圾焚烧时导致环境污染	低
	CHN（27）			低
	C2H4（28）			低
	C4H2（50）			低
	C3HN（51）			低
	C4H4（52）			低
	C4H5（53）			低

续表

单个材料	生成物	风险有效性识别	风险分析	风险预评估
苯乙烯 (C8H8)	C4H2（50）	在此温度区间可发生： 389℃—437℃	材料废弃阶段，市政垃圾焚烧时导致环境污染	低
	C3HN（51）			低
	C4H4（52）			低
	C5H3（63）			低
	C6H5（77）			低
	C6H6（78）			低
	C8H7（103）			低

由此可知，C3H3N气体逸出大体温度在389℃—450℃，存在的几种较为明显的化合物为C2H2（26）、CHN（27）、C4H2（50）、C3HN（51）、C4H4（52）。

C4H6气体逸出大体温度在407℃—443℃和742℃—795℃，存在的几种较为明显的化合物为C2H2（26）、CHN（27）、C2H4（28）、39（离子碎片，推测为C3H3）、C4H2（50）、C3HN（51）、C4H4（52）、C4H5（53）。

C8H8气体逸出大体温度在389℃—437℃，存在的几种较为明显的化合物为39（离子碎片，推测为C3H3）、C4H2（50）、C3HN（51）、C4H4（52）、C5H3（63）、C6H5（77）、C6H6（78）、C8H7（103）。

（三）经实验室验证的ABS材料质量风险分析结果

TG-MS可以得出在指定温度范围（从常温至800℃）内任意温度下产生的气体。首先选择了有氧（氮气+氧气）情况下测试，得出ABS相关数据（见图6）。因PY-GCMS只能在无氧（纯氮气）情况下测试，为了做对比，需做ABS无氧情况下的测试。实验结果显示，相对分子质量下比较明显的几种物质的相对分子质量为2、18、28、44。根据标准质谱分析，具体物质识别为H_2、H_2O、C_2H_4。产生该生成物的主要热分解温度范围372.2℃—443.2℃，总失重率99.52%，失重速率最高温度点为404.1℃，失重速率为每分钟14.317%。结果显示，少量废弃物造成的大气污染为低风险；然而随着大量廉价ABS材料支持3D打印设施后，将造成严重的大气污染。

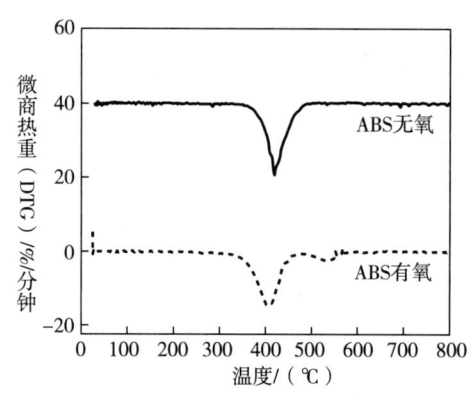

（a）ABS DTG（微商热重）对比

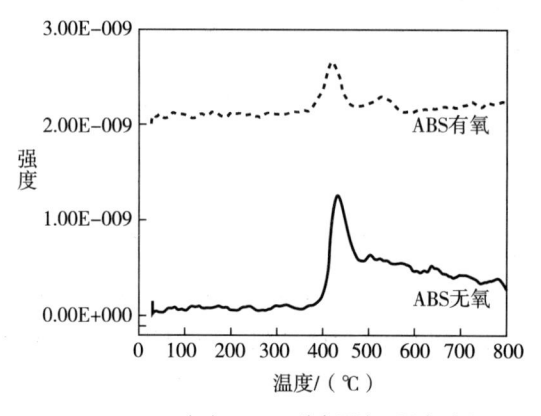

（b）ABS MS 总离子流—温度对比

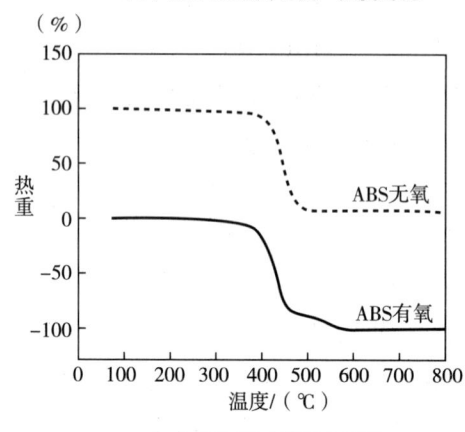

（c）ABS TG（热重）对比

图 6　ABS 材料质量风险指标情况

参考文献

安森东：《市场监管现代化：问题与破题》，《行政管理改革》2022 年第 5 期。

薄贵利、吕毅品：《论建设高质量的服务型政府》，《社会科学战线》2020 年第 2 期。

韩兆柱、翟文康：《服务型政府、公共服务型政府、新公共服务的比较研究》，《天津行政学院学报》2016 年第 6 期。

胡漠等：《我国智慧政府信息协同网络结构识别与分析》，《情报学报》2020 年第 1 期。

尚珊珊、杜娟：《大数据背景下智慧政府功能建设分析及路径设计》，《情报理论与实践》2019 年第 4 期。

汤蕙溶等：《智慧城市发展研究综述与国内建设实践探索》，《智能建筑与智慧城市》2021 年第 1 期。

吴金群、刘花花：《超越抑或共进：服务型政府与发展型政府的关系反思》，《浙江大学学报》（人文社会科学版）2021 年第 5 期。

夏志强、李天兵：《服务型政府研究的理论论争》，《行政论坛》2021 年第 3 期。

肖志兴、宋晶：《政府监管理论与政策》，东北财经大学出版社 2006 年版。

谢新水：《从服务型政府到人民满意的服务型政府——一个话语路径的分析》，《探索》2018 年第 2 期。

徐振强：《中国的智慧城市建设与智慧雄安的有效创新》，《区域经济评论》2017 年第 4 期。

殷剑：《大数据敲开"智慧政府"门》，《人民论坛》2017 年第 32 期。

于跃：《智慧政府的生成与演进逻辑》，《电子政务》2019 年第 7 期。

于跃、王庆华：《从智能政府到智慧政府：价值与追求》，《上海行政学院学报》2019 年第 2 期。

张国山等：《我国市场监管现代化指标体系探索》，《中国行政管理》2019 年第 8 期。

张建光等：《国内外智慧政府研究现状与发展趋势综述》，《电子政务》2015 年第 8 期。

朱仁显、樊山峰：《智慧政府的认知迷思、内在意蕴与建设进路》，《东南学术》2022 年第 4 期。

Johnston E. W., Hansen D. L., "Design lessons for smart governance infrastructures", *American Governance*, 2011.

Lin Y. A., "Comparison of Selected Western and Chinese Smart Governance：The application of ICT in Governmental Management, Participation and Collaboration", *Telecommunications Policy*, 2018, 42 (10): 800-809.

附　录

附表 1　　欧盟的物质风险类别

风险类别	内容解释	风险类别	内容解释
R1	干燥时有爆炸性	R20/21/22	吸入、与皮肤接触和吞食是有害的
R2	受冲击、摩擦、着火或其他引燃源有爆炸危险	R20/22	吸入和吞食是有害的
R3	受冲击、摩擦、着火或其他引燃源有极高爆炸危险	R21	与皮肤接触是有害的
R4	生成极敏感的爆炸性金属化合物	R21/22	与皮肤接触和吞食是有毒的
R5	受热可能引起爆炸	R22	吞食是有害的
R6	与空气或未与空气接触发生爆炸	R23	吸入有害
R7	可能引起火灾	R23/24	吸入和与皮肤接触是有毒的
R8	与可燃物料接触可能引起火灾	R23/24/25	吸入、与皮肤接触和吞食是有毒的
R9	与可燃物料混合时发生爆炸	R23/25	吸入和吞食是有毒的
R10	易燃的	R24	与皮肤接触有毒
R11	高度易燃的	R24/25	与皮肤接触和吞食是有毒的
R12	极易燃的	R25	吞食有毒
R14	与水猛烈反应	R26	吸入有极高毒性
R14/15	与水猛烈反应，释放出极易燃气体	R26/27	吸入和与皮肤接触有极高毒性
R15	与水接触释放出极易燃气体	R26/27/28	吸入、与皮肤接触和吞食有极高毒性
R15/29	与水接触释放出有毒的，极易燃气体	R26/28	吸入和吞食有极高毒性
R16	与氧化性物质混合时发生爆炸	R27	与皮肤接触有极高毒性
R17	在空气中易自燃	R27/28	与皮肤接触和吞食有极高毒性
R18	使用中可能形成易燃/爆炸性蒸气空气混合物	R28	吞食有极高毒性
R19	可能生成爆炸性过氧化物	R29	与水接触释放出有毒气体
R20	吸入有害	R30	使用会变为高度易燃的
R20/21	吸入和与皮肤接触是有害的	R31	与酸接触释放出有毒气体

续表

风险类别	内容解释	风险类别	内容解释
R32	与酸接触释放出极高毒性气体	R39/24/25	有毒的：与皮肤接触和吞食有极严重不可逆作用危险
R33	有累积作用危险	R39/25	有毒的：吞食有极严重不可逆作用危险
R34	引起灼伤	R39/26	极高毒性：经吸入有极严重不可逆作用危险
R35	引起严重灼伤	R39/26/27	极高毒性：经吸入和与皮肤接触有极严重不可逆作用危险
R36	刺激眼睛	R39/26/27/28	极高毒性：经吸入、与皮肤接触和吞食有极严重不可逆作用危险
R36/37	刺激眼睛和呼吸系统	R39/26/28	极高毒性：经吸入和吞食有极严重不可逆作用危险
R36/37/38	刺激眼睛、呼吸系统和皮肤	R39/27	极高毒性：与皮肤接触有极严重不可逆作用危险
R36/38	刺激眼睛和皮肤	R39/27/28	极高毒性：与皮肤接触和吞食有极严重不可逆作用危险
R37	刺激呼吸系统	R39/28	极高毒性：吞食有极严重不可逆作用危险
R37/38	刺激呼吸系统和皮肤	R40	可能有不可逆作用的风险
R38	刺激皮肤	R40/20	有害的：经吸入可能有不可逆作用的风险
R39	有极严重不可逆作用危险	R40/20/21	有害的：经吸入和与皮肤接触可能有不可逆作用的风险
R39/23	有毒的：经吸入有极严重不可逆作用危险	R40/20/21/22	有害的：经吸入、与皮肤接触和吞食可能有不可逆作用的风险
R39/23/24	有毒的：经吸入和与皮肤接触有极严重不可逆作用危险	R40/20/22	有害的：经吸入和吞食可能有不可逆作用的风险
R39/23/24/25	有毒的：经吸入、与皮肤接触和吞食有极严重不可逆作用危险	R40/21	有害的：与皮肤接触可能有不可逆作用的风险
R39/23/25	有毒的：经吸入和吞食有极严重不可逆作用危险	R40/21/22	有害的：与皮肤接触和吞食可能有不可逆作用的风险
R39/24	有毒的：与皮肤接触有极严重不可逆作用危险	R40/22	有害的：吞食可能有不可逆作用的风险

续表

风险类别	内容解释	风险类别	内容解释
R41	对眼睛有严重损害的风险	R48/23/24	有毒的：经吸入和与皮肤长期接触有严重损害健康的危险
R42	吸入可能引起过敏	R48/23/24/25	有毒的：经吸入、皮肤和吞食长期接触有严重损害健康的危险
R42/43	吸入和皮肤接触可能引起过敏	R48/23/25	有毒的：经吸入和吞食长期接触有严重损害健康的危险
R43	皮肤接触可能引起过敏	R48/24	有毒的：经皮肤长期接触有严重损害健康的危险
R44	在封闭情况下加热有爆炸危险	R48/24/25	有毒的：经皮肤和吞食长期接触有严重损害健康的危险
R45	可能致癌	R48/25	有毒的：吞食长期接触有严重损害健康的危险
R46	可能造成不可逆的遗传损害	R49	吸入可能致癌
R47	可能引起出生缺陷	R50	对水生生物有极高毒性
R48	长期接触有严重损害健康的危险	R50/53	对水生生物有极高毒性，可能在水生环境中造成长期不利影响
R48/20	有害的：经吸入长期接触有严重损害健康的危险	R51	对水生生物是有毒的
R48/20/21	有害的：经吸入和与皮肤长期接触有严重损害健康的危险	R51/53	对水生生物有毒，可能在水生环境中造成长期不利影响
R48/20/21/22	有害的：经吸入、皮肤和吞食长期接触有严重损害健康的危险	R52	对水生生物是有害的
R48/20/22	有害的：经吸入和吞食长期接触有严重损害健康的危险	R52/53	对水生生物有害，可能在水生环境中造成长期不利影响
R48/21	有害的：经皮肤长期接触有严重损害健康的危险	R53	可能在水生环境中造成长期不利影响
R48/21/22	有害的：经皮肤和吞食长期接触有严重损害健康的危险	R54	对植物群有毒
R48/22	有害的：吞食长期接触有严重损害健康的危险	R55	对动物群有毒
R48/23	有毒的：经吸入长期接触有严重损害健康的危险	R56	对土壤中生物有毒

续表

风险类别	内容解释	风险类别	内容解释
R57	对蜜蜂有毒	R62	可能有损伤生育力的危险
R58	可能在环境中造成长期不利影响	R63	可能有损害未出生婴儿的危险
R59	对臭氧层有危害	R64	可能对哺乳婴儿造成危害
R60	可能损伤生育力	R65	有害的：吞食可能造成肺部损害
R61	可能对未出生婴儿造成危害		

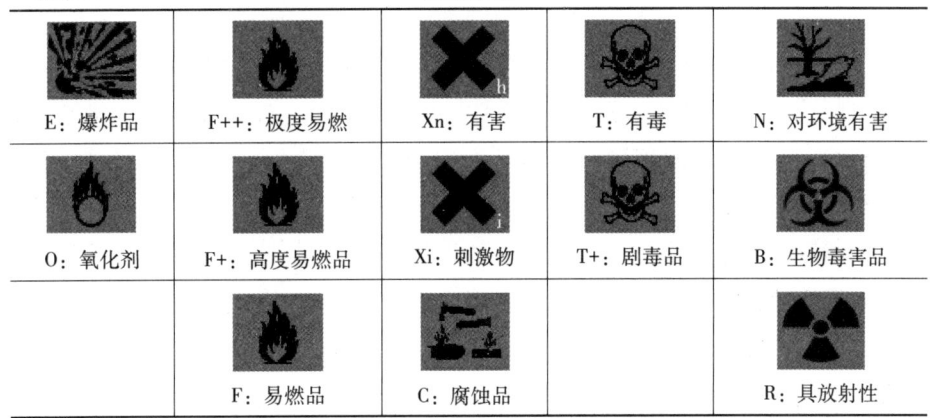

附表2　　　　　　　　　　危险标志

E：爆炸品	F++：极度易燃	Xn：有害	T：有毒	N：对环境有害
O：氧化剂	F+：高度易燃品	Xi：刺激物	T+：剧毒品	B：生物毒害品
	F：易燃品	C：腐蚀品		R：具放射性

《政府监管评论》征稿启事

《政府监管评论》是由浙江财经大学中国政府管制研究院主办，中国社会科学出版社出版的学术论文集。本刊以推动中国政府监管理论与政策研究，打造高端、专业化的政府监管学术研究平台，强化政府监管领域专家学者交流为办刊宗旨。本刊主编由浙江省特级专家、浙江财经大学原校长、浙江省新型重点专业智库"中国政府监管与公共政策研究院"院长王俊豪教授担任。

来稿领域：

本刊主要发表政府管制（规制或监管）领域的原创性、思想性学术研究论文，提倡使用现代经济学的规范分析方法研究政府监管的重大热点问题，总结国际政府监管经验，探索中国政府监管体制改革新问题。本刊也欢迎公共管理、法学等专业的学者对政府监管问题开展跨学科研究。具体领域包括：

（1）政府监管基础理论研究；
（2）城市公用事业政府监管理论与政策研究；
（3）垄断性行业监管理论与政策研究；
（4）能源监管理论与政策研究；
（5）环境监管理论与政策研究；
（6）食品安全与医疗卫生监管理论及政策研究；
（7）监管绩效评价理论与政策研究；
（8）政府监管领域的其他相关研究。

来稿要求：

论文要求尚未发表的原创性学术论文，字数一般在 10000—15000 字为宜，欢迎长文，文字复制比例控制在 15% 以下，文章格式和编排体例参见《中国工业经济》。

文章首页应包括：①文件标题；②300 字左右的中文摘要；③3—5 个关键词；④作者姓名、署名单位、通信地址、邮编、联系电话和 E-mail 地址。

版权声明：

《政府监管评论》已被《中国学术期刊网网络出版总库》及 CNKI 系列数据库收录，在收到您的稿件时，即认定您的稿件已专投《政府监管评论》并授权在以上数据库中出版。

投稿方式：

请将稿件的 Word 文件发送至 grreditor@163.com，邮件主题采取"作者姓名+文章标题"的格式。

稿酬支付：

本刊不以任何名义收取版面费，经过编辑部审定后发表的稿件将根据稿件质量给予一定的稿酬，并实行优稿优酬。